40代でやるべきこと、やってはいけないこと

井上裕之

フォレスト出版

まえがき

なぜ、40代が人生を変える最後のチャンスなのか？

終わりよければすべてよし

本書を手にとっていただき、ありがとうございます。

あなたは、

「もう40代だから…」

「体力的にもきびしいからできない…」

「立場や責任もあるからできない…」

「若いときはできたのにと嘆いてばかり…」

「いまさら必死にやっても、うまくいかない…」

「昔の経験はあるはず、でもなぜかできない…」

…など、年齢のせいにして、できない理由を並べては諦めていませんか?

しかし、40代で諦めるなんてもったいないことです。

じつは、この40代をどう生きるかによって、理想とする50代、60代、さらには老後が決まるのです。

つまり、**40代はアナタらしい生き方を手に入れる最後のチャンスなのです。**

「人生は終わりよければすべてよし」です。

これまでに、いろんなことがあったかもしれません。しかし、それはもう過去のことです。だから、40代を楽しく生きて、人生の最後をしめくくろうじゃないですか！

「やらない理由」に納得ばかりする人々

でも、こういった話をすると、多くの人が自分にはできない、関係ないことだと思ってしまいます。

「自分には学歴がないし…」
「お金も時間もないし…」
「出世街道からはもうはずれているし…」
「夫婦の関係もあまりよくないし…」

など、ほんらい思い描いていた**「理想の人生」**を諦めている人が多いのが現実です。

でも、大丈夫です。そう思うのも仕方がないことなのです。

なぜなら、そこには「潜在意識」が大きく関係しているからです。

「潜在意識」は、変化を恐れたり、新しいことに恐怖を覚えたりして、やらなくてもいい理由を探すものです。だから、**「潜在意識」そのものを変えなければあなたの人生はずっと何もできないままです。**

だから本書では、「潜在意識」を変えるために必要な「やるべきこと」と「やってはいけないこと」を書き記しました。

多くの書籍には「やるべきこと」ばかり書いています。**しかし、潜在意識を変えるには「やってはいけないこと」をやらないことが必要なのです。**だから、多くの人が「やってはいけないこと」ばかりやって疲れ果てているのが現実なのです。

30代で大事故、40代でベストセラー

私は30代で大事故に遭ったことをきっかけに、それからの人生を必死になって生きてきました。「やるべきこと」を必死にやり、「やってはいけないこと」をまったくやらなくなったため、40代のいま自分の理想とする人生が実を結び始めています。

私の本業は歯科医師ですが、40代になってから、ふと気づいてみると、いつの間にか本を書く人の仲間入りをしていました。おかげさまでベストセラーと呼ばれるような書籍も出すことができました。

さらに、セミナーや講演活動の講師、多くの成功者と呼ばれる方々との人脈、セラピストに本業の歯科医師の仕事も波にのり、私自身、驚くぐらい夢や目標を実現し、いまは自分のやりたいことにまい進しています。

私は、私にかかわるすべての人に本書をきっかけにして人生を変えてもらいたいと思っています。

だから本書では40代のあなたが理想の人生を手に入れるために何をすればいいかまとめました。

第1章では、「40代が一生で一番重要な『理由』」を解説します。40代の生き方が残りの人生にどれだけ大切かということや**40代から爆発的に成長するために必要なこと**を紹介します。

第2章では、「異性にも同性にもモテる「人間関係力」の築き方」を紹介します。相手が自然にあなたを受け入れる人間力の身につけ方について解説していきます。

第3章は、「最高の人生にするための『お金』と『時間』の使い方」についてです。40代で本物になるための効果的な**「お金」**と**「時間」**の使い方について解説します。

第4章では、「いままでできなかったことができるようになる『潜在意識』活用法」

を紹介します。潜在意識の使い方からあなたに良い潜在意識を取り込む方法をお教えします。

第5章では、『自由に選択できる人生』を手に入れる方法」を紹介します。40代を楽しく生きるために人生を変える9つの方法を解説しています。

第6章では、「40代でやってはいけないこと」を解説します。「潜在意識」に良い影響を与えるために具体的に何をやってはいけないかがわかるはずです。

40代は人生の折り返し地点。まだまだ先は長いですが、それでいて、時間をムダに使っていいほどは残っていません。その**貴重で、可能性のある時間をどう使うのかを考えられる最後のチャンスなのです。**

40代からでも、人は変わることができます。成長もできるのです。なぜなら私にもできたのだから。

人生の本番はこれからです。残りの新しい人生を切り開いていくきっかけをいまからつくっていきましょう。

井上裕之

40代でやるべきこと、やってはいけないこと　もくじ

第1章

40代が一生で一番重要な理由

～40代で爆発的な成長を遂げる方法～

「本物」とは何か？

「貧すれば鈍する」とはよくいったもので、私たちの多くは、社会状況が厳しくなるとこうした歴史的教訓をしばしば忘れてしまいます。

この本を手に取った40代あるいは間もなく40歳を迎える読者のみなさんは、本物の成功を手に入れようと、これまで自分を磨いてきた方々だと思います。それがまだ明確な経済的な豊かさに結びついていないとしても、30代をつうじて勉強に励み、たくさんの知識と技術を身につけてきたことでしょう。

そのために時間とお金を投資したことでしょうし、心のどこかに、投資に見合うリターンをえなければいけないという気持ちがあるに違いありません。**たとえば、これだけ一生懸命に働いてきたのだから、大きな家に住み替えができるくらいのお金をえたいとか、40代で役員の椅子に座りたいとか、子どもに存分に教育投資をして医者や**

弁護士にしたいとか。

しかし、そんな夢や目標はあまりにも小さく、しかも旧いルールに縛られたものにすぎません。

40代という人生の節目を過ごしていくにあたり、私たちは、小さくて低い限界を自分に課すことに決別しなくてはなりません。投資に見合うリターンといわなくてはならないような情けない夢や目標ではなく、私たちには本当に欲しいもの、本当につかまえたいものがあるはずです。

では、何をつかまえるのか。

当たり前のことですが、新しい価値を創造することです。

価値の創造は、どんな時代においても、人間がなしうる最高の行為です。まして、社会が大きく変化するときならば、その重要性は、過去と比べものにならないほど増していきます。社会はそれを熱烈に求めるでしょうし、それができる人間は評価され、その存在価値を増していくはずです。

一生懸命に仕事をしているのに報われなくてたいへんだと考えるのではなく、「チャンスだ、喜べ。望んでいたことが実現する」と考えるべきなのです。**いよいよ、自分**

が磨いてきた知識と技術の価値が認められると、ワクワクして未来をイメージすることです。

そして、「本物」とは何か、「本物」になるためにはどうあるべきかという視座を、より強く意識することが必要です。

こういう時代には、自分の中にある偽物の考え方は容赦なく淘汰《とうた》されていきます。みんな同じ条件、環境におかれているわけですから、偽物の考え方を押し通して一攫《いっかく》千金《せんきん》を狙っても、失敗したり裏切られたりするだけです。

逆に、本物の考え方には、少なくともそれを実現するチャンスが与えられます。みんな同じ条件、環境におかれているわけですから、本物に、むしろ人々の期待とお金が集まるでしょう。そして、**より強い本物の考え方が生き残り、生き残った考え方にこそ多くが与えられるわけです。**

50代を開花の時代にするために…

私の考えでは、**40代は、30代とはまったく異なる人生の10年間**です。

30代はがむしゃらに自分を磨くべき時代です。それこそ、寸暇を惜しんで仕事に取り組み、知識と技術を習得し、若さという追い風を受けて恰好《かっこう》をつけ、勢いを誇るべき10年です。

40代は、30代の勢いのままに過ごすことは可能でしょう。じっさいに、そうやっているる人はたくさんいると思います。

ところが、そうやって10年を終えた50代の人の中に、先輩成功者が認め、あるいは後輩たちが尊敬の念を持ってついてくるという人を私は知りません。

なぜでしょうか。

何事においてもそうですが、物事の成就には、決まったものが、決まったときに、決まった順番でやってくるということが重要です。

例として適切なのは、子どもの精神の発達でしょう。精神心理学においては、この原則がことのほか重要です。

たとえば、男の子の性衝動であれば、口唇期、肛門期、男根期という発達段階があり、これが内的、外的な障害によって順番どおりにやってこないと、統合失調などの精神疾患を起こすことが臨床的に知られています。来るべきものが、来るべきときに、来るべき順番でやってこないと、精神が正常に発達していかないわけです。

成長した大人がこうした発達段階から完全にフリーなのかといえば、私は違うと思います。精神的にも肉体的にも社会に適応したはずの大人であっても、いかにも大人らしい大局的な考えを持つ人もいれば、いつまでも子どものような理屈から逃れられない人もいます。

私の実感でいえば、このことは学歴や知的レベルとの相関が薄いようにも思います。たとえば、高い学歴やキャリアを持っているのに、浅く幼い思考しかできない人はいくらでもいます。逆に、学歴はなくても、物事の本筋を逃さず、本質をたちどころに把握する人は大勢います。何が人間を分けるのだろうかと考えていくと、私がたどりついた結論は、来るべきものを、来るべきときに、来るべき順番で体験したかどうかなのです。

もちろん、大人の場合は、子どもの精神的発達とは異なり、短い期間のうちに、相当に厳密に来るべきときと順番が決まっているわけではないでしょう。とはいえ、成功者たちと体験的な人生の話を掘り下げていくと、おおよそ10年単位の発展段階があることに、必ずといっていいほど気づかされます。

私なりに分類すれば、20代はいわば下積みの時代、30代は吸収の時代、40代は実体験の時代、そして50代は開花の時代です。

下積みの時代は、下積みを一身に引き受けることによって成長する時代。吸収の時代は、知識と技術をこれ以上ないというところまで吸収する時代。そして、体験の時代は、自分の中に蓄積してきた物事の本質をじっさいの体験として積み重ねていく時代です。そうやって50代を迎えた人は、思考も、判断も、問題の立て方も、すべてにおいて高度でぶれることがなくなります。そして、周りの人の尊敬や信頼をいとも簡単に受け、自分がやりたいことに周りの人が率先して協力してくるという開花の時代を迎えるわけです。

経験的に見て、この10年単位のやるべきことを、やるべき順番でやってこなかった人は、もれなく50代の開花を迎えることができていません。

むしろ、その歳になってから社会の傍流に消えていってしまいます。いや、依然として表舞台にいたとしても、何か不穏な影がつきまとい、あるいはどこか社会的信頼を欠いて、３６０度どこから見ても円満で押しも押されもせぬ成功者にはなっていないのです。

★40代で人生を変える言葉1

40代は実体験の時代だ

福沢諭吉が成功した理由

こうした人生の発展段階を忠実にトレースした歴史上の人物を挙げるとすれば、私がまっさきに思い起こすのは**福沢諭吉**です。

福沢諭吉は、豊前《ぶぜん》中津藩の下級士族の次男として生まれています。幕末の地方小藩はおしなべて身分格差が激しく、さらに彼には次男というハンデがあり、優秀な若者といえども役割さえ与えられる状況にはありませんでした。

そんな中で彼は19歳のとき、長崎で砲術を学ぶ機会をつかみます。そして、砲術を学ぶために蘭学、つまりオランダ語を学び始めるわけです。

彼は蘭学で頭角を現し、20代半ばで青雲の志を抱いて、中津藩蘭学塾の講師になるために江戸表にやってきます。

ところが、その**自信はいっぺんに潰《つい》えてしまいます。**横浜の外国人居留地を訪ねると、そこに住んでいたのはほとんどがイギリス人であり、せっかく身につけてきた蘭学がもはや世の中の主流ではなくなっていることに、独り気づいたからです。このときすでに、世界の覇権はオランダからイギリスに移っていました。

福沢諭吉は、どれほど大きな挫折感を抱いたことでしょうか。これが最大の武器だと自分に言い聞かせ、世に出るために必死に学んできた蘭学が、すでに色あせた学問になっていた。その状況を自らの目で見てしまったのですから。

しかし、しばらくすると、彼は態勢を立て直します。知識が無駄になったと嘆く時間があるのなら、一から英語を学べばいいと開き直るのです。

もっとも、世界の動きを察知していない日本には、英語の書物はまだほとんどありませんでした。

そこで、諭吉は、日米修好通商条約批准に向かった使節団の護衛役、咸臨丸《かいりんまる》艦長、木村摂津守《せっつのかみ》の従者のひとりに選ばれるよう働きかけます。そして、使節団とともに渡米し、現地で英語の書物を山のように購入して持ち帰ります。帰国した諭吉は、広東語の英語対訳単語集をもとに、それらの書物を読み解いていくのです。

これが、時代や周囲の要求にひたすらつき従った下積みの時代といわずして、何と表現すればいいのでしょうか。

20代後半に、諭吉は、今度は渡欧を果たします。そして、30歳ごろから『西洋事情』などの書を著すことによって、私たちが知る福沢諭吉ほんらいの啓蒙活動をスタートさせていきます。アメリカ独立宣言の全文を訳出したのもこのころのことです。そして、中津藩蘭学塾を慶応義塾に改名し、教育活動に専念していくわけです。

諭吉の40代は、明治維新後の薩長《さっちょう》藩閥政治との戦いだったといわれています。

それはまさに、30代で培った西洋合理主義思想の実践、**つまり私がいうところの体験の時代だったのではないかと思います**。彼は「国会論」を展開し、明治政府に国会の開設を強く促し、実現していきます。民権論と国権論においても主導的な役割を担い、日本が近代国家となるために必要な概念や思想的土台を築いていくわけです。

このため陰に陽に藩閥による弾圧を受けますが、**私が見るに、50代を迎えたころの諭吉には、もはや障害は何もなかったのではないでしょうか**。これといった政府の要職に就かなくても、彼の存在は非常に大きなものでした。何か問題があると、国内外の要人が彼のもとに意見を聞きに訪れました。

そして、専修学校や東京専門学校、英吉利法律学校、伝染病研究所、土筆ヶ岡養生園などを次々と設立していきました。明治維新の立役者たちには傑物がごろごろしていましたが、当時、これほどのたくさんの新しい価値を創造した人物がいたでしょうか。

そのいっぽうで、**諭吉は執筆活動や旅行に非常に多くの時間を費やします。彼は、そうやって思う存分に開花の時代を堪能したのです。**

やるべきものを、やるべきときに、やるべき順番で行うことのできた人は、私の周囲を見渡しても、福沢諭吉がそうであるように人生で非常に大きな成功を手に入れている人ばかりです。

★40代で人生を変える言葉2

開花の時代への準備をしろ

40代で老後のすべてが決まる

40代を迎え、あるいはこれから40代を迎えようとしている現代のビジネスマンのほとんどは、不況下の中で20代の下積みの時代と30代の吸収の時代を懸命に生きてきたのではないかと思います。

そして、いまはまだ、40代が30代の延長線上にあるかのように考えて、人生に取り組んでいる人が多いのではないかとも思います。

30歳になったころ、私は、40代は仕事に取り組むことで獲得してきた知識や技術を、人間関係や日常生活、あるいは新しい物事への取り組みなど人生のすべてに敷衍《ふえん》して、実体験していく時代だと考えていました。つまり、知識や技術を支えている本質的な考え方を、実践によって自分の中に蓄積していかなければならないと意識していたわけです。

なぜ、そのようなことを考えたのかといえば、40代の先に見えるはずの50代、あるいは60代というものを見据えていたからです。

当時から私には、どうしても実現したい夢と目標がありました。そして、それを50代で実現するためには、40代で大きく飛躍しなければならないと決意を固めていました。こんなことを大っぴらにすると、30代でずいぶん老成した考えを持つ男だと感じるかもしれません。若さが持つ勢いで毎日を過ごすよりも、戦略的に人生を構築することを考えていたわけですから。

しかし、他人と異なる大きな夢と目標を実現しようとすれば、人知れず20年、30年単位で人生の計を立て、実践しようとするのは、私にとってごく当たり前のことでした。

私は、これまでの人生を当時考えたとおりに生きてきて、いまは先進的な医療技術を有する歯科医師として認められ、病院経営にも成功し、そのいっぽうでいくつもの著作を出版し、成功哲学や成功法則の講演にも招かれます。私のことをあまり詳しく知らない人たちには、何もかも手に入れた恵まれた歯科医師という評価かもしれません。

しかし、逆説的にいえば、私はまだ何も手に入れてはいません。

私にとって、いまの自分は人生の通過点です。私の夢と目標には、まだ先があり、その先の先も控えています。私は、福沢諭吉のように大きな仕事を成し遂げたいし、彼に匹敵するような新しい価値を創造したいとも考えています。

そして、そうした人生のゴールに向かって40代でなすべきことを行っていると、そのひとつひとつに「これが、たしかに夢の実現に結びついていく」という強い手ごたえを感じます。

40代は、本物への登竜門です。その意味で、人生を成功させるための最大の決戦に当たる10年間といってもいいでしょう。

20代、30代に泥にまみれて必死に取り組んできた人も、要領よく成果を出してきた人も、それは、30代でやるべきことをやってきただけのことにすぎません。この先も同じ意識で競争に勝ち残っていけるはずはないし、30代と同じように実績を積み重ねるだけで50代に開花できるという考えも通用しません。

40代は、30代とはまったく異なるステージであるとはっきり認識し、頭をがらりと切り替えることが必要です。

40代の経験の時代をどう生きるかは、その人の50代の価値を決めます。さらに、それはその人の60代も、70代も規定するでしょう。有り体にいえば、老後の幸せはすべ

て40代が決めるということです。

このことを理解して、40代を戦い抜くことができれば、この先どのような社会環境の激変を迎えたとしても、あなたの価値は高まりこそすれ、髪の毛一本ほどにも減ることはないでしょう。どんな状況になろうとも、あるいは状況が厳しくなればなるほど、社会はあなたを認め、あなたの言葉を聞き、あなたに協力しようとするでしょう。明治維新後の社会が、福沢諭吉に対してそうであったように。

とはいえ、40代で行う戦いは、本物になるための戦いですから、もはや体力任せのがむしゃらの戦いではありません。

何をどう戦うべきか。これからじっくりと、私の考えを開陳していくことにしましょう。

★40代で人生を変える言葉3

40代こそ最大の決戦

40代の準備運動

「有為転変《ういてんぺん》は人の世の常」と、しばしばいわれます。

ご存じのことでしょうが、この世の存在は、さまざまな条件や原因によって絶えず移り変わっており、少しもとどまることがないという意味です。

人間も物事もすべて時間とともに変化するのは当たり前のことですが、私たちはそれを知っていながら、なかなか変化についていくことができません。

たとえば、2カ月連続で売り上げが減ったときに、たいていの人は「何か挽回《ばんかい》する手を考えよう」と思うでしょう。

しかし、それが翌月も翌々月もつづくだろうという予測を立てる人はあまりいません。売り上げの減少という事実の中に社会の変化を読もうとするよりも、それに抗って売り上げを挽回することに一生懸命になるわけです。

その結果、目先の売り上げは挽回できるかもしれません。しかし、売り上げの減少がつづくうちに、いずれは挽回する手段も尽きていきます。ビジネスマンの多くは、それが在庫循環や景気循環による変化だという事実を後になって知り、売り上げ減でいよいよ行き詰まってから、本格的な対策を考え始めるのではないでしょうか。

このことは、経済の変化だけでなく、環境の変化、人間関係の変化などすべての事象に当てはまります。

たとえば、何かの原因で信頼を失い、人間関係にひびが入ったとしましょう。たいていの人は、すぐに反省し、それを修復しようと努力するでしょう。悪い人でなければ、相手も関係修復の働きかけをしてくれるかもしれません。しかし、表面的に人間関係を修復することができても、相手との間にじっさいはしこりのようなものがずっと残ります。

以前と変わらない調子で相手と一緒に仕事をつづけていたとしても、そのしこりが何かの機会に表に噴き出すことはよくあります。そして、あるとき突然に、どきりとするような言葉を投げつけられたり、手ひどく突き放されたりして、**「そうか、溝は埋まっていなかったのだな」**と気づきます。たいていの場合、その溝は自分が考えていたものよりもずっと大きくて、はっとするほど驚かされるのではないでしょうか。

それが、**物事が動いている**ということです。

何事においてもそうですが、一度何かが起こると、それによって生じる影響はその瞬間がピークなのではなく、しばらくの間、拡大していきます。このことは、何かがいい影響をもたらしたときも同じです。

こうした先々の変化をはっきりと認識していれば、私たちはあらゆる面でよりよい対策を取ることができます。

人間関係が壊れたときも、その影響がしばらくつづくのだと認識していれば、無理にそれを修復しようとはしないし、信頼を取り戻すための努力を積み重ねようと覚悟もするはずです。それを静的に捉えて、簡単に修復できたと勘違いするから、後でショックを受けるわけです。

不思議なことに、多くの人は変化というものにあまり頓着しません。変化の兆しに敏感な人も、ほとんどの場合は出遅れているか、何も手を打っていません。人間は、半年後、1年後のことを想定することができても、3年後、5年後、10年後に対して働きかけていくということが、どうにも苦手のようです。

これは、なぜでしょうか。

その主たる理由は、私たちの多くが動的なものの見方に慣れていないせいではないかと私は思います。目の前にある物事を静的に観察することには長けていても、私たちはそれが動いているものであるということをふだん深く考えようとしません。そのため、多くの人は、自分の人生をコントロールする選択肢を、時間とともにどんどん狭めていってしまっているのです。

それが、人生はままならないという諦念《ていねん》をもたらし、身を小さく固めて生きていく姿勢につながっているのではないかと、私には感じられます。

こうした生き方が身に染みついてしまっているとしたら、楽しい人生や、大きな成功をつかめるはずはありません。たとえあなたの人生が順風満帆だとしても、先々の変化に怯えて身構えているかぎり、それは決して末広がりの成功に結びついていかないでしょう。

精度の高い予測はできないとしても、変化を読むこと、それに備えることは、決して難しいことではありません。

たとえば、「二度あることは三度ある」という警句があります。これが人口に膾炙《かいしゃ》した事実は、私たちがいかに先読みを苦手としているかをよく表していると思います。逆にいえば、こうした単純な警句にこそ、真実が込められているということです。「まさか三度目はないだろう」と安易な思い込みをしないことが、変化を読むための第一歩になるということです。

人生を戦略的に組み立てるためには、物事を動的に考えることが重要です。ごく当たり前のことかもしれませんが、この点をしっかり認識することが、人生の成功を手に入れるための40代の準備運動です。

★40代で人生を変える言葉4

物事は動いていることを忘れるな！

自己満足な客観的思考をはずせ

客観的に自分を捉えることは、人間が生きる上でとても大切なことです。同時に、40代の10年を成功の糧にするためにも、40代の自分はどうあればよいか、その姿を客観的に把握することが重要です。

じつは、**自分のことを客観的に把握することができる人は、強い人といえます。**そういう人は、自分が何を持っていて、何を持っていないか、誰よりもよくわかっています。そして、そのために何をするべきか、何をすべきでないかも、よく理解しています。当然、そうしたことを自分で深く理解しているのですから、なすべきことを実行する能力にも自然と長けていきます。

客観的に自分を見るというと、多くの人は、「そんなことはわかりきっている」と思うに違いありません。ビジネスマンは、お客さんの立場になってサービスや商品を提供するのが仕事だし、相手の気持ちがわからなければそもそもコミュニケーションも成り立ちません。ふだんから誰もがそれを意識して仕事をしているのだから、いまさら客観的も何もないというわけです。

しかし、本当にそうでしょうか。

私がよく感じるのは、人間は自分に関してほとんど客観的に把握していない、ということです。

「私は自分を客観的に捉えている」という場合でも、それは、自分はこういう人間だと強く思い込んで、自分が客観的にこう見えるはずだという自分像を自分勝手につくり上げているにすぎません。広く社会的な視点に立って自分がどう見えるのかという点は、ほとんど考えていないのです。

たとえば、工場のパートタイマーの人に、めちゃくちゃな要求をする担当責任者はその典型ではないでしょうか。私は、ある工場でその人をたまたま見かけました。パートの仕事は午後4時までと決まっているのに、「悪いけど、今日は6時まで残業してくれないか」と無理に頼み込んでいました。

そのパートタイマーは、仕事を午後4時で終え、それから買い物をして家族の夕食をつくらなければならないし、そのほかにもやらなければならない家事がいくつもあるはずです。

ところが、そんなことお構いなしに、半ば強制的に残業を提案し、飲ませてしまうわけです。結果として、その担当責任者は、パートさんの間で「会社の都合で振り回す嫌な奴だ」と悪評ふんぷんです。**担当責任者は「会社のため」と自分を正当化するわけですが、パートさんは「仕事の管理が悪いことの尻拭《しりぬぐ》いをさせられている」と思っています。**これで工場の生産性が上がるとしたら、まったくの驚きです。

お客さんの立場に立って仕事のことを考えられるのに、パートさんの立場で考えることはできません。これは、お金を払う側の都合で物事を考えることであり、つまるところ、客観的な思考とは無関係です。

このような思考に慣らされてしまった人は、自分についても、客観的に把握できていない人がほとんどです。

★40代で人生を変える言葉5

「相手の立場に立てるようになれ！」

50代、60代が欲している40代像

では、どうすればいいか。

その方法は、２つあります。

まず、先輩ビジネスマンが40代の人間をどう捉えるか、目上の人、年上の先輩たちの視点を持つことです。

たいていの人は、目上の人に気に入られたいという気持ちを持っていると思いますが、そのじつ、目上の人の考えというものを知りません。自分がその年齢に達した経験がないため、ふだんからそうした人たちと親密に接している人以外は、目上の人のものの見方をなかなか自分のものにできないのです。

ここで試しに、50代、60代の部長や役員は、40代社員をどのように見ているか、基本的なことを考えてみましょう。

まず、彼らにとって、**40代社員は期待の星です。彼らは、自分たちの能力のほうが上だと思いながらも、仕事を若い世代に早くバトンタッチしたいという思いを抱いています。**

「いやあ、うちの役員は唯我独尊で、そんな気持ちは微塵《みじん》もありませんよ」というかもしれませんが、それは見かけや態度が「まだ若い者に任せることはできん」といっているだけで、本心はその逆です。

その理由は、50代も半ばを過ぎると、もはや身体は40代のときのようにいうことをきいてはくれないからです。また、より高度な思考力や判断力はあるかもしれませんが、それを実行に移す力は否応なく衰えているという理由もあるでしょう。

考えてほしいのですが、あらゆる物事の企画力は、それを実現するプロセスの中にこそ集約されています。設計図があれば、プロセスに関係なく同じ結果がえられるというのなら、誰も苦労はしないでしょう。

そのため、立場が上の50代、60代は、どんなに高度な思考力や判断力があったとしても、それをプロセスの中に落とし込み、実現していく人を必要としています。自分たちの考え方を深く理解し、それを実行し、期待どおりの成果を上げてくれる若い人を必要としているわけです。

このように50代、60代が欲している40代像を考えていくと、あるべき自分の40代像が具体的にわかってくると思います。それは、50代、60代とも対等に意見を交換し、彼らが気づかない新しい要素を指摘することでマスタープランを補完し、それを具体的な指示として現場に落とし込んでいくことのできる人物ということです。

「なんだ、そんなことか」と思うかもしれませんが、**大切なことは、そういう視点で自分をしみじみ見つめてみることです。それが、客観的に自分を把握する、第一の方法なのです。**

そうした視点を持つことができれば、部長や役員があなたに対して頼もしく思ってくれる部分もあるいっぽうで、至らない点も思いのほかたくさんあることがわかるようになります。

部長や役員に抱いている、気に入られたいという利己心、あるいは自分のほうが能力が上だという対抗心を捨て、彼らの目線をありのままに受け入れ、その目線で自分を眺めるのです。

そのようにして自分を顧みることが、自分を客観的に把握する第一歩です。それができれば、会社で仕事を成功させていくために、どのような40代ビジネスマンになるべきかについて、より深く理解することができるようになるでしょう。

それがきっかけとなって、30代では気づかなかった価値観、たとえば円熟したビジネスマンにならなくてはいけないというような人間的な成長の新しいビジョンも、生まれてくるのではないでしょうか。

★40代で人生を変える言葉6

自分に期待されているものを知れ!

テクニックと本質は違う

自分を客観的に把握するもうひとつの方法は、自らに対する正当な評価を行うことです。

あなたは、20代、30代のおよそ20年間で、さまざまな知識と技術を蓄積してきたはずです。これだけは負けないという得意技や、このパターンなら絶対に勝つという必勝パターンも身につけているに違いありません。

とはいえ、自分の中に存在するそうした知識や技術の蓄積が、本当に有効なのか、有効ではないのか、本当に正しいのか、正しくないのかという問題は、つねにつきまといます。

たとえば、「この仕事は、こう捉えれば間違いない」と考え、そのとおりに実行して成功していたとしても、もっと有効な方法があることに気づくことはよくありま

す。あるいは、長年正しいと思っていた方法が、むしろ効率の悪いものだったと判明することもあるでしょう。

私は歯科医師ですが、歯科医学の分野でも、そういうことはよく起こります。とくに、臨床では、年とともに新しい術式や治療法が流行りますが、それが本質的に有効で正しい医療だという評価を下されるまでには、やはりそれ相当の時間を要します。10年あるいは20年がたつうちに、流行の方法からさまざまな枝葉がとれて、これが治療の本質だという部分だけが残っていきます。

ビジネスにおいても、30代で身につけた知識や技術を正しく評価し、自分の本質的な能力として磨き上げていくのは、その人が40代で行う仕事のコアを形成する部分です。したがって、20代、30代で蓄積してきた知識や能力を精査し、40代を迎えたらそれを正しく評価する作業を行う必要があるわけです。

たとえば、営業マンが顧客心理やコミュニケーションを学び、自分なりに完成度の高いセールス術を身につけ、実績も上げてきたとしましょう。

しかし、それがセールス術という範囲に収まるテクニックであるうちは、まだ本質的なものに昇華されておらず、本物とはいえないかもしれません。テクニックには

まってくれるお客さんが相手なら成功しても、そうでないお客さんには通用しないからです。

この指摘に思い当たるフシがあるならば、あなたはテクニックの中に込められた本質的なものに、まだたどりついていないということになるでしょう。あなたの得意技も必勝パターンも、まだ改善の余地があるし、未完成だということです。

★40代で人生を変える言葉7

「まだ未完成だと認識しろ！」

40代は変態の時期

40歳というのは、肉体的な節目を迎える年齢でもあります。

あなたは、自分はまだ若いと考えているかもしれませんが、そのうちに必ず、若さを決定的に失ったという感覚にとらわれるときがくると思います。それとも、あなたはすでに、そういう感覚を経験ずみでしょうか。

私にそれがやってきたのは、44歳になろうとしているころでした。年齢にふさわしい老いがやってくることは十分にわかっていたので、とうとう来たのだと真摯に受け取め、むしろ50代、60代に向け身体をつくる上で改めて戦略的に捉えるいい機会となりました。そのとき、私はふと、急に老けこんで人間的につまらない存在になっていった先輩の姿を思い出しました。打てば響くような人だったのですが、40歳を過ぎたあたりからなぜか世の中に対する関心が失せ、守勢ばかりが目立つようになりました。私と彼は徐々に疎遠になり、いまは形ばかりの賀状のやりとりをするだけになっています。彼の人間的な変化も、もしかしたら肉体的に大きな峠を越えたという実感がきっかけになったのかもしれないと、私はそんなふうに考えたわけです。

それからしばらくして私が理解したのは、**40代はいわば変態の時期であるということです。**変態とは、さなぎが成虫になる、あの変態です。

人生で、よく昆虫の変態にたとえられる時期は、青年期でしょう。

たしかに、細胞分裂を激しくくり返している子どもの時期から、細胞分裂が終わり、成長が完成した大人へと移行することはとても大きな出来事です。

子どもが成長していくときは、細胞分裂だけでなく、言語能力、思考能力、計算能力、あるいは空間把握能力などを獲得していき、まさに成長の飛躍がつづきます。それを自ら体験してきたがゆえに、細胞分裂が終わってしまった大人は、大人の成長をどこかしら小さく見積もり、子どものそれのような魅力を欠いていると捉えてしまいます。

★40代で人生を変える言葉8

「40代でも成長できる！」

40代で円満な成功者になる

ところが、私の実感では、それはまったく間違っています。

たとえば、20代あるいは30代のとき、自分が爆発的に成長した経験を持つ人は少なくないと思います。仕事でも知識や技術の習得でも、それに懸命に取り組んでいると、突然、頭の中に詰まった知識の断片が全部つながり、目の前に全体像がくっきりと現れる瞬間があります。

それと同じような**爆発的成長が、40代でも起こります。**

わかりきっていると思っていたことが、じつはその裏側にまったく思いもよらない世界が広がっていたり、見たことも聞いたこともないメカニズムが働いていたり、複雑怪奇と考えてきた事柄がじつに単純に解けたり、そうした新しい知の地平が突如開けてきます。この爆発的成長をいいあらわす適当な言葉が見つからず、あえて昆虫の変態にたとえましたが、この世の中には、40代、50代、60代にならないと理解できないたくさんの新しい世界が、まだまだ私たちを待っているわけです。

よく40代は精神的な充実を迎える年代といわれますが、それは、いま述べたような40代の爆発的な成長を指しているのだと、私はいつも考えています。それは、円熟味を増すという意味でもあるはずです。

40代を有効に過ごすことのできた人は、50代、60代と年齢が進むにしたがって、人間、社会、世界、そして宇宙のことまでも、はるかに深く理解することができます。

私自身はまだその道行きの途中ですが、私はそうした素晴らしい先達《せんだつ》をたくさん知っています。そして、円満で自信に満ちた成功者は、みなそのような人ばかりです。

あなたが成功者として50代、60代を送るためには、40代の過ごし方には人一倍注意するべきです。そして、精神的な充実を目指さなければなりません。

とかく30代は、目先のことにとらわれたり、競争にただ勝てばいいという考えで仕事をしたり、つねに自分の利益を優先したりしがちです。自分の職能を磨くためには、それも必要なことだったでしょう。「カッコいい上司」として姿を示し、後輩たちをひっぱっていくためにも、そうした30代の振る舞いが必要だったと思います。

ところが、**その30代の延長として40代を送った人は、50歳になったときに、もはや周囲にとって魅力のある人ではなくなってしまいます。**

あなたの周囲にいる50代の先輩を、このさいぜひ眺め渡してください。

あなたから見て、仕事のできる先輩はたくさんいることでしょうが、「この人なら、心から信頼してついていける」とあなたが評価できる人が、いったいどれほどいるでしょうか。

後輩はそういう50代に対して、「いつまでも子どもっぽいところが残っていて憎めない」とか、「がむしゃらでいいところはあるけど、１００％の信頼を置くことはできない」とか、そういう評価を下しているでしょう。後輩からこんなことをいわれる50代が、本当はどんなに情けないか、その点をよく考えてみる必要があります。

彼らは**40代を30代の延長として過ごしたために、若かりしころの「未熟者」が、年齢が進んで「不熟者」に置き換わってしまったわけです。**

円満な成功者、そして重厚な50代になるためには、40代で自らを人間的に熟成させ、きわめて大きな飛躍を遂げる準備を行う必要があります。そのための方法はおいおい記しますが、まずは40代という貴重な10年を送るための心構えをつくりましょう。

「40代まで生きてきたら、人間、そう簡単に変わることはできないよ」

よく聞かれるこのセリフは、その意味で、じつはまったくの認識違いであることが理解できるのではないでしょうか。

★40代で人生を変える言葉9

「30代の延長では生きるな！」

40代のカッコよさ

あるとき、私が尊敬する素晴らしい方が、こんなことをいいました。

「恰幅のいい、オヤジらしいオヤジになることは、とても重要なことだよ」

その方はすでに60歳、丸眼鏡をかけ、頭の白髪はずいぶん薄くなり、外見もずんぐりむっくりです。身なりはたいてい、おろしたてのボタンダウンシャツに紺のジャケット、下はグレーのスラックスによく磨きこまれた黒の革靴、そして胸元にはさりげなくブローチをつけるというアイビールックです。本業は酒問屋ですが、翻訳家、あるいはファッション普及イベントの実行委員としてのほうが、よく名を知られた存在です。

オヤジらしいオヤジになるというのは、その方一流の表現で、私が先に述べたように人間として熟すことが重要だということと同じです。その方くらいの存在になると、**相手を評価する基準は、仕事ができるとか、頭が切れるとか、そういう話ではなくなります。その方がよく口にするのは、「たいした男だなあ」という言葉なのですが、たいしたことがある、たいしたことはない、これが人間を量るたったひとつの基準になっているわけです。**

先日、話題にのぼったのは、数年前に亡くなった、50代のある男性のことでした。その話題の人には、先天性障害の娘さんがいました。彼は、会社を辞めて起業したばかりのときに結婚し、会社を急成長させていく過程で娘さんを授かったのですが、生まれつき両腕が動かず、耳も聞こえなかったのです。

悩んだのは、奥さんのほうでした。入れ替わり立ち替わり来客があるような経営者の裕福な暮らしをしながら、いっぽうでは障害者の娘の存在が重くのしかかりました。しかも、娘をどのような大人に成長させればいいか、力を尽くして奔走したのは、むしろ夫のほうです。寸暇を惜しんで娘のために働きかける夫とは異なり、娘の日常の面倒を見るだけで、毅然《きぜん》として前進しようとする夫を支えられない自分に嫌気がさし、奥さんが夫に離婚を申し出たのです。

するど、その男性は、あっさり会社を売却してしまいました。そして、その売却益をもとに一家で外国に行き、娘さんを専門の教育施設に入れました。その施設は、似たような境遇の子どもばかりが集まっており、その環境が娘さんに健やかな成長を促しました。奥さんのほうも、娘さんの成長に具体的な光明が見えたことで、心の平安をとり戻すことができました。娘さんは、いまではプロの絵描きの卵になっています。口に絵筆をくわえて、絵を描いているのです。

もっとも、まとまったお金をつくることができたとはいえ、その一家にいつまでも裕福な外国暮らしができるはずはありません。彼は、実入りがいいという理由で、富裕層相手の庭師の仕事をするようになるのですが、病気で倒れるまでの10数年の間に、庭師としてもそれなりの地歩を築きました。そして、数年前にガンで亡くなったのです。

つい先日、娘さんが初の個展を開き、上々の評判だったといいます。それを思いだしたので、アイビールックの方がこの話を始めたわけですが、娘さんの作品は、入念に描かれた架空の人物画ばかりだったそうです。

「本人がぜんぜん意識していなかったとしても、あれは全部、父親を描いているんだよ」といって、その方は**「それにしても、たいした男だったよなあ」**と、その男性がそこまでして望んだ娘さんの成長を喜びました。

アイビールックの方にとってみれば、亡くなったこの男性は、それこそ恰幅のいい、オヤジらしいオヤジのひとりだったということです。

★40代で人生を変える言葉10

［たいした男になれ！］

捨てる勇気

さて、私たちの多くは、自分の生き方にもカッコよさを求めてきたと思います。30代であれば、仕事ができることがカッコよさだったでしょうし、人よりもたくさんのお金を稼げることもカッコよさだったかもしれません。あるいは、いかにも仕事ができる人間に見える、カッコいいワークスタイルを求めていたという人もいるのではないでしょうか。

そのために、ある人は情報機器に工夫を凝らし、またある人はファッションにこだわったことでしょう。衣装にこだわりなどないという人も、ある意味で、こだわらないという姿勢がカッコよさの表現手段になっていたといえます。

しかしながら、**40代を迎えた人は、それとは別の人間のカッコよさがあるということに、そろそろ目を向けなければなりません。**

それは、人間として潔い生き方をすることです。

潔いという言葉を、若い人はなぜか、諦めがいいという言葉と混同しているように思います。

しかし、自分が手に入れたいものを諦めるだけなら、それは決して潔いことではありません。**どうしても手に入れたければ、人間はそれを手に入れるためにあらんかぎりの努力を注ぎ、じっさいに手に入れてしまいます。少なくとも、成功者と言われる人たちは例外なくそうやっています。**

もし何かを諦めてしまうとすれば、それはその人にとって、本当に手に入れたいものではなかったということにすぎません。手に入れたくもないものを諦めることが、潔さと何か関係するでしょうか。

本当の潔さとは、本当に手に入れたい大きな何かをえるために、それまで手に入れたいと考えてきた大きな何かを諦めることです。

先に紹介した男性のケースでは、障害者の娘さんの幸せを手に入れるために、事業の発展という夢を手放しました。事業家で、成功した事業をもっと大きくしたいと願わない人はいません。

ところが、娘さんが障害を負って生まれてきたという新しい現実に直面し、彼は選択を迫られました。そして、**このまま事業をつづけていれば家族の幸せが壊れるという瀬戸際を察知すると、彼は一転、すべてを投げ打つ決断を下しました。**

これは、自らの命と引き換えに娘を救ったというような美談ではありません。そのような美談なら、世の中にいくらでも転がっています。

重要なポイントは、決断しなくてはならないときに、決断すべきことを、大局的に決断したという点です。

状況が刻一刻と悪いほうに動いていくとき、人間は必ず判断力を鈍らせてしまうものです。しかし、そのような状況の中で間違いのない決断を行ったところに、その人の潔さが表れているのです。

40代は、選択の時代でもあります。さまざまな局面において、何かをえるために何かを捨てなければいけないという選択を迫られます。

人生の夢や目標を達成するために、やるべきこと、やるべきではないこともはっきりしてきます。また、30代のときのように、あれもこれも手に入れたいと思っても、そのすべてが人生の成功に役立つわけではないということもわかってきます。

同時に、人生の夢や目標を実現するために、それまで手に入れたいと思いつづけてきたことを、潔く諦めなければならない局面に立たされることがあるはずです。

そのときに、間違いのない決断を下せるかどうかは、あなたが自分自身の本当の夢や目標を深く理解しているかどうかにかかっています。

そのためにも、すでに紹介したように、自分を客観的に捉え、虚飾のない自分の骨格を知るということが、どうしても必要です。人間、最後は骨格の勝負だからです。

★40代で人生を変える言葉11

「決断せよ！」

第1章まとめ

●人間の本質を分けるものは来るべきものを、来るべきときに、来るべき順番で体験したかである
●40代と30代はまったく異なるステージであると認識し、頭をがらりと切り替える必要がある
●物事は動的であり、変化するものだと考える
●先輩方の目線をありのままに受け入れ、その目線で自分を眺めることで、自分を客観的に把握することができる
●20代、30代で蓄積してきた知識や能力を精査し、40代を迎えたらそれを正しく評価する作業を行う
●40代、50代、60代にならないと理解できないたくさんの新しい世界が待っている
●40代はさまざまな局面で、何かをえるために何かを捨てなければいけない選択の時代

第2章
異性にも同性にもモテる人間になれ！
～相手が自然にあなたを受け入れる「人間関係力」の築き方～

人間力

40代にとって人間的な成長は不可欠です。

20代、30代で試されたことを、40代でやっていてはバカにされてしまうからです。

そこで重要になってくるのが「人間力」ではないでしょうか。

「人間力」というと、実体のないはやり言葉のように受け取るかもしれませんが、これは平成14年に開かれた経済財政諮問会議において経済を成長させる6つの要因のひとつとして公式に取り上げられた概念です。ちなみに、この6つの要因とは、技術力、人間力、経営力、産業発掘、地域力、グローバル化です。

余談ながら、日本政府はその後、「人間力戦略」や「人間力の強化」に対する国家的な取り組み強化を閣議決定し、それはいまもつづけられています。日本の現状を眺めると、どこまで本気の施策がとられているのか疑問を感じざるをえませんが、自己啓発系の論者のひとりとしては、**人間力が非常に重要な人間の能力であり、社会発展の基礎をなす力である**ことは疑いのないところです。

人間力とは何かという絶対的な定義はありませんが、人間力を規定する要素はほぼ出揃っています。ご存じの方も多いと思いますが、あらためて列挙しておきましょう。

①知力（専門的な知識と能力を持ち、それを継続的に発展させていく能力）
②知識の応用力（論理的思考力、問題解決力、判断力、あるいは創造力などの知的能力）
③精神的能力（感性、意欲、忍耐力、根性などの精神的能力）
④体力
⑤人間関係力（コミュニケーション能力、リーダーシップ、公共心、規範意識などの社会・対人関係能力）

ここに挙げた知力や知識の応用力、精神的能力については、読者のみなさんは20代、30代で十分に身につけてきたのではないかと思います。40代においては、それをより深めていけばいいわけで、その深め方のコツについては、次章で詳しく触れましょう。

なぜ、人間関係力が大切か？

さて、人間力の５つの力のうち最初の４つは個人の中の能力で、最後の人間関係力だけが社会的能力になっています。骨格だけの露わな自分を知るために、ここで取り上げるべきは、この人間関係力です。

人間関係力は、ふつうは集団や個人と信頼関係を築く能力だといわれています。私流にもっとかみ砕いていえば、人間関係力というのは、ずばり相手をコントロールする能力です。

コントロールというと、支配力と受け取るかもしれませんが、じっさいはそうではありません。人間を支配しようとすれば、相手は必ず反発し、コントロールなど不可能です。

そこには支配と被支配の関係はありませんし、むしろリーダーが率先して規律を守ることが求められます。企業組織における統率力や国家が示す統治力など、組織運営を成功させる基本はすべてここにあります。

大雑把にいえば、人間関係力を支える要素は、コミュニケーション力、リーダーシップ、そして人格です。相手に何かを伝えようと思っても、本当に伝えるべきことを持っていなければ、それは決して伝わりません。

本当に伝えるべきことというのは、いったい何でしょうか。

それは、相手にとっていいこと、相手の利益になることです。

また、それを相手に伝える手段は、言葉だけではありません。あなたに行動が伴っていなければ、いくら言葉を発したとしても、誰も本気で聞く耳を持たないでしょう。家で飼っているペットにしても、あなたの行動が自分の利益になっていなければ、あなたに心から懐いてはきません。庭木や草花にしても、青々と生い茂ったり、大輪の花をつけたりはしないでしょう。それと同じことです。

興味深い点は、**人間関係は、その人に欠けている点や不足している点を見事にすべて、露わにしてしまうことです。先に挙げた人間力の最初の4つ、つまり個人の中の能力が欠けていてもいい人間関係を築くことはできませんが、それらの能力がきわめ**

て高い人でも、５つ目の人間関係力を欠いていると、いい人間関係を構築することができません。

当然、あなたがいくらいいことを伝えていると思っていても、みんな本気で動いてくれないわけです。

あなたは、何かを本当に成し遂げたいと思い、行動していると思います。にもかかわらず、あなたが人間関係でさまざまな問題を抱えているとしたら、それがあなたの虚飾のない姿を映し出しているといわなくてはなりません。

あなたが目指している将来ビジョンと、現在のあなたの行動は、どこか齟齬《そご》を生じているということです。

★40代で人生を変える言葉12

人間関係がすべて

夢や目標は個人的なものではない

人間が抱く夢や目標は、決して不変ではありません。

30代のときは、30代ゆえに描く将来ビジョンがありますし、40代になればなったで、その年齢にふさわしい将来ビジョンを描きます。年齢が進むと可能性が先細りになるという意味ではなく、将来に向かって、若いときよりももっと大きな自分を描くということです。

たとえば、企業の出世競争であれば、その勝負は30代後半ですでに決していると思います。将来、会社の役員に残るような人は、すでに会社が選別を加え、そのコースに乗っているからです。

多くのビジネスマンは、勤め先の企業社会にどっぷりつかっているため、自分が出世コースに乗っていないと知ったとき、がっくり肩を落としたかもしれません。

しかし、それは夢や目標の実現とはまったく無関係なことです。出世はいいことに違いありませんが、**人生の中で成し遂げようとする夢や目標は、企業の中で偉くなることではないはずです。**

この点で参考になりそうな、面白い例があります。大企業に勤めていた、あるビジネスマンの話です。

その人は、考えがあって、30代半ばで自ら出世コースを降りてしまいました。学歴は学卒でしたが、会社に無理をいって留学し、そこで修士号を取得しました。

帰国すると閑職を希望し、今度は日本の大学の社会人大学院に通いました。社会人大学院というのは、簡単に社会人に博士号を与えてはくれません。そんなことをすれば大学の格が下がると考えているのか、本格的に学位をとろうとする人には、たいへん厳しいわけです。彼は、そんな中で6年をかけ、ついに博士号をとることに成功します。

そして、40代後半のときに、これまた会社に無理をいって資本金を捻出《ねんしゅつ》させ、自分の経済研究所をつくってしまいました。小さな研究所ですが、いまは一国一城の主です。しかし、もしも勤めていた会社にいたならば、たとえ出世していなくても、そちらのほうが経済的な豊かさや手厚い保障、社会的なステータスがあったに違いありません。

とはいえ、彼は、自分の能力次第でもっと大きな夢がかなえられる環境を手に入れました。可能性でいえば、大企業の役員よりも、よほど大きな可能性を持っています。

彼は、**これからが夢と目標を実現する本当の勝負になる**、と考えているわけです。

さて、会社が資本金を出したくらいですから、彼は会社の利益になるいいことを、行動と実績と言葉で必死に伝えたに違いありません。

私たちは、この点を、もっと想像力を働かせて考える必要があります。

彼が具体的にどのようなことを会社に伝えたのか、私は詳しく知りません。

しかし、大企業が本業とは異なる活動に出資するのですから、投資収益や対費用効果、あるいは事業計画上のメリットがあることはもちろん、重役たちが「なるほど」と膝《ひざ》を打つような、その先の大きなビジョンがなくてはなりません。それが、彼が伝えた、会社の利益になるいいことなのです。

そのビジョンは、彼がもともと描いていた夢や目標そのものです。

つまり、彼が求めてきた人生の成功が、周囲の人が求める夢や目標と合致していたから、周りの人が動いたわけです。

このように考えていくと、**人生の夢や目標は、決して個人的なものではないという**

ことがわかります。当たり前のことですが、自分が豊かになりたいとか、自分がいい暮らしをしたいとか、そういう夢や目標で人は動くものではありません。

人間の成功の本質とは、自分の力を社会により多く還元するための循環をつくることです。だからこそ、**あなたが伝えたいことは、相手の利益になるいいことになり、相手はそこに魅力を感じます。強引にメリットを伝えなくても、相手は自然にあなたのことを受け入れるし、相手もまた、あなたに何かを与えようとするわけです。**

とすれば、人間関係力を高める方法は、きわめてシンプルです。

自分の力をより多く社会や組織に還元するためのビジョンを持ち、その循環を生み出すために働きかけることです。

また、このように考えれば、自分に足りない部分、欠けている部分もすぐにわかるはずです。せっかく大きな夢と目標を持っているのに、上司はとりたてて目をかけてくれず、部下も思うようについてこないという人は、具体的に自分の力を還元するための循環をつくることです。その働きかけが、コミュニケーションのすべてになるように、行動し、実績をつくり、言葉で伝えるのです。

素晴らしい経営者は、新しい事業に踏み出す決定をするときに、「我に私心なし」と自分に投げかけます。それは、個人や組織に欲得や打算があると、人心が離れ、新事業は必ずといっていいほど長つづきしないからです。これは、経営者だけにいえる話ではありません。ビジネスマンすべて、あるいは生活者すべてにいえることです。

あなたが抱いている夢や目標から、「自分が、自分が」という部分を一度すべて取り去ってみましょう。すると、あなたに人間力が足りないのではなく、意外なことに、あなたの私心が人間力を阻害しているということに気づくはずです。

もちろん、20代、30代は「自分が、自分が」と強く前に出て能力を獲得すべきですが、もはや40代はそうすべき年代ではありません。

私心を取り除くことを知れば、虚飾のない自分の骨格が自ずと見えてきます。同時に、あなたが抱いている人生の成功イメージも、はるかに鮮明になってくるはずです。

★40代で人生を変える言葉13

夢や目標は個人的なものではない！

成功者が持つエネルギー

人間関係力を高める上では、影響力という視点も重要です。

影響力は、個人や社会に変革をもたらす力です。この力だけで夢や目標が実現することはありませんが、これなしに人生を成功に導くことはできません。

「あの人は影響力がある」とか、「隠然たる影響力を持つ人物」とか、私たちはこの言葉を日常的に使いますが、じっさいそれがどのように成り立っている力なのか、あまり深く考えません。

たいていの人はそれを政治力や財力と捉えがちですが、私たちが本当に必要とする影響力は、潜在意識に基づいたコミュニケーション力です。この点については章を改めて述べるとして、ここでは影響力とは何かということを真正面から考えてみましょう。

まず、成功者は強い影響力を持つ人物ばかりです。

それは、成功者がたくさんの人を惹《ひ》きつけることからもわかります。周りにうまい話が転がっているわけでもないのに、人が集まってくるわけです。

なぜ、人が集まるのかといえば、それは成功者がエネルギーを持っているからです。

たとえば、あなたの周りにも、会って一言、二言、言葉を交わすだけで、何となく元気が出てくる人物がいるのではないでしょうか。このとき元気が出るのは、相手があなたにエネルギーを与えてくれるからです。エネルギーを与えてくれる相手には、毎日でも会いたいと思うし、何か問題を抱えたときには、その人の考えを聞きたいと思うに違いありません。

逆に、会うと必ず気持ちが萎《な》える人物もいるはずです。この場合は、相手があなたにマイナスのエネルギーを与えているわけです。もちろん、そういう相手とはできるだけ接触したくないと思うはずです。

さて、周りの人にエネルギーを与えることは、とても重要です。

誰もが無意識のうちに、エネルギーを与えてくれる人の行動やメッセージから何かを学ぼうとしますし、人間が持つべき姿勢や規範をその中に見出そうとするからです。人間が影響力を発揮する仕組みは、このようにきわめてシンプルなものです。

要するに、影響力を持つ人間になれるかどうかは、その人のエネルギーの大きさによって決まります。成功者はみな、とてつもなく大きいエネルギーを持っているわけです。

★40代で人生を変える言葉14

大きなエネルギーを手に入れろ！

出会いから生まれるエネルギー

問題は、どうすれば人間として大きなエネルギーを持つことができるか、という点でしょう。

研鑽《けんさん》、努力、鍛錬など、古くから、それらしい方法を示唆する言葉はたくさんあります。そのために、座禅を組む人もいるでしょうし、厳しい訓練が売り物の自己研鑽セミナーに通う人もいるでしょう。私は積極的にお勧めしませんが、たしかにそれも、ひとつの方法かもしれません。

私がお勧めするのは、もっと簡単でより効果的な方法です。

それは、素晴らしい人との出会いを求めることです。

私はよく講演で、素晴らしい人と出会って、その方から学ぶことが重要だとお話しします。学ぶというのは「真似ぶ」であり、真似をすることから始まりますから、それは自分よりも出来た人から学ぶしかないわけです。

現代では、この手の話はさまざまなメディアが紹介していますから、私が話をしても、みなさん「それは当然だ」という顔をしています。内容的にも難しい話ではありませんから、みなわかったつもりになっているのですが、ほとんどの人が、じっさいはよく理解していません。その証拠に、私の話を聞いて、すぐに素晴らしい人を探すための行動に移る人は数えるほどしかいません。たいていは、話は話のまま、頭の片隅にしまい込んでいるだけです。

素晴らしい人から学ぶというのは、具体的にどういうことでしょうか。

それは、素晴らしい人が持つエネルギーに関係しています。

素晴らしい人と出会うと、人はその圧倒的なエネルギーに接して、感動します。そして、無意識のうちに「自分もこうありたい」と思い、その人の行動やメッセージから学びを始めます。意識して学びに取り組むのではなく、無意識のうちに学ぼうとする点が重要です。

なぜ無意識のうちに学ぼうとするのかといえば、それこそが、素晴らしい人が発するエネルギーの作用だからです。**エネルギーを与えられると、人は、自分も同じエネ**

ルギーを発したいと無意識のうちに思い、その人の真似を始めるわけです。

もちろん、素晴らしい人から意識的に学ぼうとする自覚も、すぐに生まれてきます。そうやって、学びを積み重ね、また素晴らしい人に触発されて自分を高めていくことで、人間の中に少しずつ大きなエネルギーが灯っていくわけです。

影響力のある人間になるためには、出会いが大切です。ですから、私は、素晴らしい人とたくさん出会ってくださいと、いつもお話ししているわけです。

素晴らしい人からの学びをつづけていけば、あなたもいずれ周りの人に強いエネルギーを与えることができるようになります。

周りの人にどれだけ強いエネルギーを与えることのできる人間になるか。これは、40代が目指すべき自己形成の一番のポイントだと思います。

★40代で人生を変える言葉15

出会いこそエネルギーの源だ！

薄っぺらな人間になるな！

影響力を発揮する上で、社会的ポジションという問題があります。

社会的ポジションとは、どのような立場で社会に働きかけをしているのか、ということです。

それを端的に表すのは肩書ですが、部長や取締役などの役職や地位を表す肩書とは少し違います。社会的ポジションは、あなたが社会に働きかけ、自分の夢や目標を実現しようとするときに必要な〝パワー〟だからです。

たとえば、肩書がある人とない人とでは、影響力にも発言力にも、差がつくことは歴然としています。公的な資格を持っていれば、初対面の相手でもあなたに信頼感を持つし、提案をすぐに受け入れてくれるかもしれません。場合によっては、地域の勉強会の講師として招かれるようなこともあるはずです。それだけ高い影響力を持つということです。

40代は、自分の社会的ポジショニングについても、真剣に考えていかなくてはならない年代です。戦略的にそれをしっかり築いていくことは、50代、60代になったときに、あなたが発揮する影響力を左右する問題でもあります。決して、これを軽視してはいけません。

いまさらいうまでもないことかもしれませんが、このさい社会的ポジションとはどういうものかという点から、整理しておきましょう。

人間の社会的ポジションを表すものは、何をさておき、その人の実績と実力であることはいうまでもありません。これまでの人生で、何を、どのように身につけ、社会に働きかけてきたかということです。先に、社会的ポジションは早い話が肩書だと述べましたが、一般的な仕事上の肩書とはこの点が異なります。

また、肩書さえあればいいというものでもありません。実績と実力がなければ、たとえどんなに偉そうな肩書をかざしたとしても意味がありません。相手も、こちらが薄っぺらな人間だとすぐに見抜いてしまうでしょう。

肩書以外では、世間の評価・評判も社会的ポジショニングを高めてくれる要素です。たとえば、「この分野であの人の右に出る者はいない」というような評価・評判です。

私の場合は歯科医師ですから、実績と実力以外で自分の社会的ポジショニングを有利にしてくれるものは、ほぼ決まっています。主なものは、大学教授の肩書、学会理事の肩書、海外における大学や学会での講演や専門誌などへの紹介記事など。その他では、自己啓発系の著作物やセミナーで行う講演なども、それに当たります。

★40代で人生を変える言葉16

「実績・実力・評価・評判をとりにいけ！」

40代で影響力を持つ方法

あなたに成し遂げたいことがあり、社会に影響力を持とうとすれば、自分が専門にする分野で、仕事以外の役割を果たす必要があります。これは、自分の時間を削って奉仕せよ、というのではありません。夢や目標に向かって自分がなすべきことの中で、それをせよ、ということです。

次に、それによって、社会的ポジションをえることです。

実績を積み重ね、実力を磨いてきたあなたなら、素晴らしい人たちとおつき合いするときも、夢や目標の実現に向かってさまざまな交渉をするときも、それは必ず役に立ちます。

同時に、**社会的ポジションは、あなたの夢や目標の実現にとって無駄のないものでなければいけません。**余計な肩書やご愛敬の肩書は、必要ありません。

むしろ、あなたが持つべき社会的ポジションは、自分が成し遂げたいビジョンを端的に物語るもののみにかぎるべきです。

採用で人事の人が統一性のないキャリアを持つ人を敬遠するように、見る人が見れば、贅肉《ぜいにく》の多い肩書はすぐに判別がつきます。40代は露わな骨格で勝負する年代ですから、社会的ポジションも、その露わな骨格を体現するものでなければならないということです。

そして、社会に対してつねに自分の露わな骨格を示していくことは、強烈なアピールでもあります。そのアピールが、協力者を見出すことにつながります。

このように、社会的ポジションは、自分が本当に成し遂げたいことを達成するための重要な手段です。40代はこの点も考慮して、自分の活動を戦略的に構築しておかなくてはならないということです。

★40代で人生を変える言葉17

ビジョンを表すポジションをとれ！

40代における自分磨き

一般に、30歳から50歳までは働き盛りだといわれます。

たしかに、自分に培った知識や技術を存分に活かし、最も大きな仕事の成果を上げることができる期間は、どう考えてもこの20年しかありません。20代は未熟であったはずだし、50代となると、若い人と同じように現場でバリバリ働くというわけにもいかなくなるでしょう。人間の一生というものを眺めると、この20年間がどれほど大きな価値と意味を持っているか、あらためて実感するのではないかと思います。

あなたは、知識と技術を身につけるために、おそらくがむしゃらに30代を送ってきたことだろうと思います。これから働き盛りも後半戦を迎えるわけですが、40代も同じように突っ走ろうと考えているかもしれません。

もちろん、突っ走ることはいいことです。それなくして、夢や目標は実現しません。

ただし、40代は30代の延長ではないと述べたように、後半戦の10年をより有効に、実り多く過ごすためには、30代とは異なる新たな戦術を組み立てて臨むべきです。

そのさいの目的は、自分を磨き上げることです。それを強く意識して、40代の働き盛りを過ごす方法を自分なりに編み出すことが肝心です。

最近は、若い人の間でも「自分磨き」という言葉が流行っています。若い人は、スクールやセミナーに通ったり、スポーツジムやエステティックサロンに通ったりして、自分の能力と健康に磨きをかけています。あなたも、20代、30代でおおいに自分磨きをしたのではないでしょうか。

人の集まるところに通って学びを行うことは、ある意味、若い人の特権です。もちろん、それは40代でもできないことではありませんが、吸収力や発見力は、もはや若いときのようにはいきません。「いまさら」感も、どうしてもつきまとうでしょう。

自分磨きというと、不足している物をよそから持って来て自分を改善するというイメージがありますが、40代の自分磨きは、もはやそういう段階ではありません。

じつは、40代には40代の、自分を磨き上げる方法があります。

それは、**内面を磨く**ことです。まるで道徳か修身の説教のように聞こえるかもしれませんが、これは非常に重要なポイントですので、しばらく我慢しておつき合いください。

ご存じのように、内面とは心の中のことです。青少年期に「内面を磨きなさい」と諭された思い出は誰もが持っていると思います。しかし、内面を磨くとはどういうことか突き詰めて考えないまま、すっかりいい大人になってしまったのではないでしょうか。人間が成長しようとするかぎり、それはつねに必要とされるものです。

さて、**私たちは人を評するときに、「内面の美しい人」という表現をよく使います。内面は決して見ることのできないものですが、それが美しいかどうか、私たちにはなぜかわかってしまいます。相手の言葉、行動、感受性、態度が、その人の内面をすべて物語ってしまうからです。**

経験的にいえば、内面の美しい人は、言葉や行動に安定感があるだけでなく、判断にもぶれがありません。目先のことにとらわれないし、いつも落ち着いて大局的にものを見ることができます。その理由は、内面から余計なものが取り除かれ、価値観や方針、規範といったひとつひとつが磨き抜かれ、きれいに整頓されているからでしょう。

私は、人間が持っている価値観や方針、規範といったものにも、品質や精度があると思っています。

たとえば、同じような価値観を持っていても、焦点がぴしっと合っている人と、それほどでもない人がいます。

1枚の写真を思い浮かべていただくとわかりやすいと思いますが、同じ対象を撮影したものでも、プロの写真とアマチュアの写真では仕上がりがまったく異なります。フレーミングや背景のぼかし方といった高等なテクニックではなく、被写体に対するピントの合わせ方という初歩的なことからまるで違うわけです。

それと同じことが人間のあらゆる能力についていえますが、個人の価値観やビジョンにも、それを指摘することができます。一分の隙もない、精度の高い価値観とビジョンを持つ人は、どのようなときも行動や判断に狂いがないからです。

私の周りを見ても、**成功者といえる人々はみな、じつに精度の高い価値観とビジョンを持っています。だからこそ、夢や目標の達成のために自分のなすべきことをやり、なすべきでないことをやらないという判断と行動を、ごく自然にとることができるわけです。**

とすれば、なぜ内面にこのような差が生まれるのか、私たちはもっと深く理解しておく必要があります。それは、ひとえに内面を磨いているかいないかの差です。

尊敬され、頼りにされ、周りの人が進んで協力を申し出てくるような人物になるためには、内面を磨き上げなくてはなりません。それは、仕事において強い影響力を発揮するための、あるいは夢や目標を達成するための、何よりも大きな力になってくれるでしょう。

40代は、30代のときのように知識や技術を身につけるのではなく、内面を磨き上げることによって、さらなる成長を目指すときなのです。

★40代で人生を変える言葉18

40代は内面を磨け！

テクニックの範疇をはるかに超える学び

組織運営では、よく「ミッションを掲げることが重要だ」といわれます。ミッションを掲げれば、社員の意識と行動はその方向に動き、その結果、組織としての目標が達成できるようになるというわけです。

ところが、私の場合は違っていました。おそらく、ミッションを掲げている多くの組織もそうでしょう。問題は、ミッション万能の考え方と個々人が見ている世界の違いです。

経営者がどんなに深くミッションを理解していたとしても、そもそも個々の社員が経営者と同じ認識であるはずはありません。

同じミッションを眺めていても、経営者と社員とは、人間と宇宙人ほどにも異なる存在かもしれないわけです。

じつに単純なこのようなことも、知識と技術を実践に移し、その結果がどうであったかという点を検証することなしには、問題の所在になかなか気づくことができません。実践の結果として起こる現象を、自分の中でじっくり味わうと、その経験は、自分の内面にあった余計なもの、いのうえ歯科のミッションの例でいえば、おごりや過信、思い込みなどを、きれいに取り除いてくれます。

そして、高校を卒業したばかりの女性スタッフにもわかる言葉で語りかけ、私が抱く世界観を理解してもらうことの重要性にあらためて気づかされました。

若い女性スタッフとの接し方に精度が上がり、そこにぶれがなくなると、彼女たちの理解力は飛躍的に高まりました。まるでピントのしっかり合った写真のように、彼女たちに私の言葉がクリアに見えるようになったからでしょう。

彼女たちにとっては単に、コミュニケーションテクニックの問題かもしれません。しかし、私から見れば、テクニックの範疇《はんちゅう》をはるかに超える学びです。ささいなことかもしれませんが、これが内面を磨く方法の一例です。

自分の知識と技術をさまざまなことに応用し、実践し、その結果を味わうこと。このことによって、人間は内面を磨いていきます。

内面を磨き上げるためには、40代の10年の間、意識的にひたすらそれをくり返していくことです。

それが、夢や目標を達成するにふさわしい40代の成長を、必ずやもたらしてくれることでしょう。

★40代で人生を変える言葉19

実践し、結果を味わう

成長しきれない現代の40代

すでに述べてきたように、40代は、30代のときとはまったく異なる成長を目指す年代です。

仕事でも生活においても、大きなギアチェンジが必要になるわけですが、そのさいの心構えについて一言、私が気づいた点を述べましょう。

誰しも40歳となると、人生の節目を強く意識します。

ところが、強く意識はするものの、40代になっても30代と同じように突っ走っている人をよく見かけます。本人としては、体力に衰えもないし、仕事も順調で、むしろ30代と同じやり方で走るほうが心地よいに違いありません。

周りにいる先輩たちを眺めてみるといいと思いますが、30代と同じように40代を送った人たちの中には、あなたが魅力を強く感じる50代はおそらくいないはずです。

まさに仕事盛りを誇るように仕事に精を出し、成果も上げたに違いないのですが、そういう人たちが50代になると、まるで第一線を退いた古参兵であるかのように色あせた存在になってしまうのです。

理由は、その人たちはうまく成長することができなかったからでしょう。早い話が、人間として、もう一皮剥《む》けることができなかったのです。

じつは、ある年配の素晴らしい方によると、近年こうした50代前後のビジネスマンがとくに増加しているといいます。

なぜだろうという話になって、そのとき私がたどりついた結論は、次のようなことでした。

30代の延長線上で仕事をしている40代は、30代の後輩たちのウケがいいものです。当たり前のことです。40代になっても自分たちと同じ目線で変わらずに仕事をしている先輩に、彼らは親しみを感じるからです。

先輩が、40歳という節目で急に人生への取り組み方を変え、いままでとは違う人間にめきめきと成長していけば、後輩たちはその変化に恐れを感じ、親近感も薄らぐでしょう。

こうしたことが本能的にわかっているせいか、現代のビジネスマンは、歳相応の成長をすることに臆病な傾向が見られるように思います。

つまり、40代で自分のやり方を変えることに、どこか強い抵抗感があるのです。

★40代で人生を変える言葉20

「自分のやり方を変えることを恐れるな！」

どんどん捨て去れ！

しかし、昭和30年代までがそうだったように、**幼稚園児から小学6年生までに集団で遊んだ時代を経験した大人には、自分のやり方を変えるのに、抵抗感を感じることがまったくありません。いま60代の成功者といわれる人たちは、柔軟にいつも変化を望み、やり方を変えることに躊躇もなく、他人がそれをどう思うかということにも頓着しません。考えてみれば、これは成功者にかぎる話ではなく、世代的にも共通する特徴になっています。**

ひるがえって、当時そうした子どもの集団は、一番年長の子どもが年下の子どもたちを引き連れて、同じような集団を相手に戦争ごっこばかりしていたそうです。だいたいいつも一番年長の子どもがガキ大将なのですが、ガキ大将は、仲間が戦争ごっこで足をすりむいたり鼻血を出したりすると、その子の親に謝りに行ったり、病院に連れて行ったりして面倒を背負い、集団のすべてを取り仕切っていました。

そのいっぽうで、中学校に上がると、ガキ大将は集団からあっさりと抜けてしまいます。ある日突然、急に難しい顔をした大人になっていくわけです。以前はあれほど親しい間柄だったのに、年下の子どもたちは、もうその子に軽々しく言葉をかけることもできません。

当時の子どもたちがなぜ決まってそのような態度をとったのか、通過儀礼の成り立ちを解明することは困難です。

しかし、大人という向こう側の世界に行ってしまったことを自覚する年長の子どもと、その存在に畏敬《いけい》の念を抱く年下の子どもたちがいたことだけはたしかです。子どもたちはそうやって、成長のなんたるかということを頭に刻み込んでいったわけです。

その後の時代は、核家族化、ひとりっ子へと進み、大きく年齢の違う子どもたちが集団で遊ぶ習慣は消えてしまいました。地域別に子どもたちがまとまって遊ぶこともなくなり、成長のモデルも通過儀礼もはっきりした形を持たなくなりました。子どもの集団は、すべて好き嫌いを唯一の基準としてつくりだされるようになっていきました。

私は、どこか成長しきれない現代の40代、あるいは50歳そこそこの人々を見ると、

こんなところに原因が潜んでいるのではないかと考えます。彼らは、核家族化、ひとりっ子の時代に育った、成長モデルと通過儀礼が希薄化した世代だからです。

たしかに、経済的に疲弊した現代は、魅力のある先輩やカッコいい先輩を見つけることが難しい時代です。そのために、経済不況でお手本を失ったビジネスマンは、成長のきっかけを逃しているという指摘もあります。

しかし、子ども時代に、成長の通過儀礼をはっきりと経験したいまの年配者たちのほうが、格段に大人らしい態度を身につけた大人が多いことは明らかです。これは、経済不況の影響がそうさせているのではなく、子ども時代に所属した集団の性格に負うところが大きいに違いありません。

その意味で、現代の40代ビジネスマンが30代とはまったく異なる〝変態〟の10年を送るためには、自分が40代で大きくギアチェンジすることを強烈に意識する必要があると思います。

成長のモデルが刻み込まれていないのですから、30代の考えを捨て去るくらいの思い切りを自分に課してみる必要があるのかもしれません。

後輩に対する指導力を失うのではないか、後輩がついてこなくなるのではないかといった、つまらないことは考えないことです。

40代を機に人生への取り組み方を変えることにのみ、全力を傾けていただきたいものです。

★40代で人生を変える言葉21

30代を捨てろ！

休んでも元気は出す！

30代をどう生きるべきかについて書いた『30代でやるべきこと、やってはいけないこと』（フォレスト出版）の中で、「30代でやってはいけないこと」として私は、「30代はワークライフバランスを考えてはいけない」というメッセージを送りました。

30代は知識と技術を身につけるために、がむしゃらに努力する年代です。

かつて私もそうでしたが、30代は寝ても覚めても仕事漬けになり、仕事に全エネルギーを注ぐぐらいでちょうどいいわけです。

ところが、40代ともなると、50代、60代を見据えて、人生を戦略的に構築することに主眼をおかなければなりません。

そのため、40代は、仕事と生活に対する考え方も、30代とはまったく変えていく必要が生じます。

知識と技術を実体験することによって内面を磨き、バランスのとれた能力を身につけることが目的になりますから、むしろワークライフバランスのとれた時間を過ごすことに軸足をおかなければならないわけです。

ワークライフバランスというと、**「日本人は働きすぎだ」**という議論になりがちです。たしかに、日本はずいぶん昔から過労死の問題を抱えていますし、少子化や生活の低い幸福度といった問題も改まりません。

そこで、官民挙げてワークライフバランスを唱え始めるようになり、人生を充実させるためには働きすぎを改め、レジャーを楽しみ、仕事と生活のバランスをとるべきだと主張しています。

もっともな話かもしれませんが、私はこうした考えの中に、じつは生活者としての視点はないと考えています。

働くエネルギーが出てこないから休ませろ、というのでしょうが、休んでリフレッシュさせたところで、じつは人間が持つ根本的なエネルギーがわくことはないからです。

その証拠に、あてがわれたレジャーでリフレッシュしても、エネルギーはすぐに元の水準に戻ってしまいます。本当は、もっと根本的に元気になる方法があるのですが、私たちの多くは、そのことからあまりにも遠ざかり、そんな方法はないと思い込まされています。

★40代で人生を変える言葉22

「休んだからエネルギーがわくわけではない！」

見ること、体験してみる

そこで、この点について、私の考えを紹介しましょう。まずは、日本人が何を楽しいと思うのか、ということからです。

歴史的に見て、日本人にバカンスやリゾートという発想がなかったことからわかるように、私たちは欧米人のようには生活の楽しみを捉えていません。

ヨーロッパの国々は、それぞれの街に必ず大きな広場があって、そこに市民が集まり、のんびり話をしたり日向ぼっこをしたりする習慣を持っています。いっぽうの日本では、江戸時代から今日に至るまで、庶民が集まったのはむしろ道路でした。通りをそぞろ歩きし、沿道の木々の枝ぶりや店先の小間物を眺めて楽しんだわけです。

私は、40歳を迎えて以来、かなり頻繁に海外旅行をしています。世界を歩き、自分の目と足で本物を知ることを目的にした旅行ですが、由緒ある美しい街々で行われるお祭りを訪ね歩いても、日本の縁日のような光景に一度として出会ったことがありません。屋台や出店が立ち並んでいるといっても、それは楽しい仮設の商業施設というようなものであり、日本の縁日に立ち並ぶ出店のような、はかなくも美しい沿道のデコレーション効果を見ることはできません。

欧米風の都市計画の思想が移入された明治以降の日本では、道路規制がどんどん厳しくなり、道路はすっかり通行するためだけの場所になってしまいました。逆に、東京の原宿や吉祥寺、下北沢、あるいは巣鴨といった路地裏商店街を持つ地域は、それゆえに人気を博しています。私は、こんなところに、**日本人が生活を楽しめなくなった原点があるのではないかと思うわけです。**

さて、この点を踏まえて、根本的なエネルギーの話に戻りましょう。

私たちが欲望を感じたり、意欲を抱いたりする一番の出発点は何でしょうか。

それは**「見る」**ことです。

それを見ることによって、人は欲しいと感じ、それを手に入れるための意欲をわかせます。**たとえば、好きな恋人ができるのも、その相手を見たからです。夢や目標を実現するために奮い立つのも、それを実現している素晴らしい人を見たからです。**

逆に、見ることをやめてしまえば、人間は欲望を感じなくなり、意欲もわいてこなくなります。つまり、人間は見ることによって、行動を起こします。見ることは、人間のエネルギーの源泉なのです。

ワークライフバランスを考え、自分が自由に使える時間を増やすなら、私はその余裕を「見る」ことに使うようお勧めします。

見るためにやることといえば、たとえば、旅行です。

日本人にとって、旅行は江戸後期から一番のレジャーになっていました。江戸の庶民がこぞってお伊勢参りをしたことはつとに有名です。東海道を歩き、浜風にあたりながら風光を楽しみ、伊勢神宮に向かったわけです。

おそらくそれは、江戸庶民に息抜きという効果を与えただけではなかっただろうと思います。それまで経済的、政治的理由で自由に道を歩けなかった庶民たちは、お伊勢参りによって、はじめて世界を見たのです。そして、欲しいと感じたのでしょう。彼らが欲しいと感じたものは、たぶん、いつでも好きなときにその道を通り、風景を眺めることのできる自由だったに違いありません。

幕末明治維新は、決して庶民による革命が進行したわけではありませんでした。しかし、その時期に、農作業を根こそぎボイコットし、「ええじゃないか」と踊り狂う庶民が大挙して江戸に上ったことは、体制が変わる下からの大きな要因になりました。それは、庶民が見てしまったからで、見てしまった人々の行動は誰にも止められないわけです。

見ることは破滅的な現象をもたらすこともありますが、同じ爆発的な力で創造的な現象を呼びよせてもくれます。ですから、40代は「見る」ことを、あらためて捉え直していかなくてはなりません。

旅行というと、世界のどこを訪ねようと、旅行の提供者や地元の観光業者があらかじめそれをどう楽しめばいいかパッケージを用意しています。しかし、40代で行う「見る」ことは、ごく当たり前の海外の人々の暮らしや風物にスポットを当てることでしょう。

たとえば、私の知り合いのひとりは、過日、10年ぶりの海外旅行でローマに行きました。彼は、観光地を回るのはそこそこにして、市内の路線バスに乗ったり、まるで知らない郊外の住宅街をのんびり歩いたり、あるいは道に張り出したカフェでくつろいだりすることにほとんどの時間を費やして帰ってきました。**はじめて搾りたての**

真っ赤なオレンジジュースを飲み、それがあまりにも気に入ったために、将来はイタリアでビジネスを興したいと真剣に考えるようになっています。

彼のエネルギーは、わずか一杯の真っ赤なオレンジジュースで、いまなお強くわきでているわけです。

現代の日本人ビジネスマンは、見ることがきわめて不足しているのではないかと私は思います。ワークライフバランスを考えて休養をとり、誰かが用意したレジャーを楽しむだけでは、私たちの本能的な欲求はいつまでも満たされることがありません。

その原理を理解した上で、40代は「見る」ことにあらためて取り組んでいくべきでしょう。

★40代で人生を変える言葉23

「見る」ことを徹底的に！

第２章まとめ

●人生の夢や目標は決して個人的なものではない
●40代にとって人間力は非常に重要な能力であり、これを欠くといい人間関係を築くことができない
●40代は知識や技術を身につけるのではなく、内面を磨き、さらなる成長を目指す
●影響力のある人間になるためには、出会いが大切
●自分の知識と技術をさまざまなことに応用し、実践し、その結果を味わう
●40代は弱みの克服、弱みを強みに変えるための学びと習得が必要である
●自分のやり方を変えることを恐れてはいけない
●ワークライフバランスのとれた時間を過ごすことに軸足をおく
●夢や目標を実現するために「見る」ことにあらためて取り組む

第3章

「お金」と「時間」をどこに投資すればいいのか？

～最高の人生にするための「お金」と「時間」の使い方～

本物にお金を使う

私は、40歳になったとき、お金の使い方にひとつのルールを課しました。

それは、**本物にお金を使う**、というルールです。裏を返せば、偽物には一銭も使わない、ということです。

私がいう本物と偽物は、次のような内容です。

たとえば、クルマのディーラーでもなんでもいいのですが、私のもとに営業マンがやってくるとします。

よく訓練された年配の営業マンでも、「表面的な人物だな」と感じると、私はその人をすぐに追い返してしまいます。逆に、ずいぶん年下の営業マンであっても、「こいつはすごい男だな」と感じると、購入を真剣に考えるわけです。

このような場合、営業マンだから購入の単なる窓口だと、私はまったく思いません。相手が私に真剣勝負で対面し、これまで懸命に取り組んできた知識と技術をフルに使ってきたなと感じるかどうかで、購入を判断します。

「すごい男だな」と感じれば、今度は**「困ったときは、いくらでも紹介してあげるから、私のところに来なさい」**と相手に言葉をかけます。

すると、たとえば私が本物と認めるクルマのディーラーは、困ったからといって「2台目にこれを購入されてはいかがですか」などと、安易に訪ねてはきません。車検の切り替えや納税などのすべてを考えて、「これをお買い求めください。絶対に、損はしません」と提案にやってきます。

そのおかげで、大型の物品の購入で、私は何か損をしたということがまずありません。そればかりでなく、本物の営業マンが何をどのように考え、どのような態度で提案するか、話をする中でいろいろな学びを体験することができます。

これは、お金を使うときは本物の相手にお金を払うという、私のルールのひとつです。そうすることによって、損をさせられることがなくなり、商談の時間は有意義な時間に変わり、学びもできます。

このルールを守っていると、相手にもつねに感謝の気持ちで接することができ、潜在意識を澄んだ状態に保つためにもとてもいいわけです。潜在意識については後の章で述べますが、これをきれいな状態に保つためには、相手に対して悪い感情を抱かないことが一番必要なことです。

ブティックなどで買い物をするときは、ショップの店員さんの品定めをするわけにはいきません。新しい店員さんが入れ替わり入ってきますし、いちいち店長さんを呼ぶようでは、買い物の楽しみがなくなってしまいます。

そこで、今度は、まさに本物といえる品物しか買わないわけです。これもまた、本物にお金を払うというルールのうちです。

私は、30代のころから、洋服や靴、バッグなどの洋品は、世界の一流品と認められたブランドばかりを買い求めてきました。

なぜかといえば、一流品は、それを身につける人を選ぶからです。

若いころから私がそれにふさわしかった、といっているのではありません。私は、次のように考えていました。

将来に私が描いている夢を実現したとき、その未来にいる私は間違いなく成功者に

なっているはずだ。そうであるならば、その未来の自分は、一流品をさりげなく着こなす人間だろう。そのためには、いまからそうした一流品を身につけて、未来にいる自分に確実に近づいていかなければならない。

と。

★40代で人生を変える言葉24

「未来の自分にふさわしいお金の使い方をしろ」

自分の五感で一流を感じる

自己実現の理論に馴染《なじ》みのない人にはわかりにくい考えかもしれませんが、なりたい自分を強烈にイメージし、その段階からそうした自分になりきるというのは、じつは夢や目標を実現するための王道です。

それは、望んだ自分にすでになっていると強く思うことによって、自分がなすべきこと、なすべきでないことをはっきり理解することができるからです。**なすべきことだけをやりつづけていけば、そのときに強くイメージした望みどおりの自分に、自然になっていきます。いや、何をどうしようと、そうならざるをえないわけです。**

したがって、私は当時から、本物といえるものをいつも身につけるようにしていました。

そうやって30代を過ごし、40歳になってみると、私は望みどおりの40歳の自分になっていました。そこで、今度は望みどおりの50歳、60歳になることを意識していかなければなりません。

私の中には、50歳、60歳を迎えたときの自分の姿の明確なイメージがあります。どのような人に囲まれ、どのような話をし、どのような仕事に勤《いそ》しんでいるか、などなど。あるいは、身につけているものから身のこなしや話し方まで、事細かなイメージがあります。それは、世界の一流品の中でもこういうものを身につけ、その一流品のどこに価値を感じているかということまで詳《つまび》らかな、将来の自分です。

その将来の自分は、一流といわれる物事の本質的な価値を理解し尽くしています。誰かが一流だと評価するから自分も一流だと評価するのではなく、自分の五感によってその価値を量ることができるということです。

とすれば、私はいまから、本物といわれるものの中でも一番の本物を手に取るようにしなくてはなりません。つまり、本物を買い、本物にお金を払うというルールは、私にとって未来の自分になるための修練なのです。

一般には、そこまでする必要があるのか、と考えるところでしょう。しかし、案に相違して、これはたいへんに重要なことです。

本物を理解する能力は、あなたが持っている価値のすべてに通じます。**あなたが価**

値の高い人間になろうと欲すれば、本物が持つ価値を理解する能力を備えなくてはなりません。そして、本物を完全に理解する能力により近づいていくことができれば、あなたの行動、態度、思考、価値観、規範、品格のすべてが、それに伴って向上していくわけです。

そのとき、周りの人は、あなたが本当に価値の高い人間だと認めざるをえません。なぜかといえば、あなたの行動、態度、思考、身のこなしにそれがすべて出てしまい、誰が見てもそのとおりだと評価せざるをえないからです。

もし、あなたが今日まで、大きな成功を望みながら本物か否かを頓着せずにお金を使ってきたとすれば、それをいますぐに、ぜひ改めてください。そして、これからは本物だけを手に取るようにしてください。

お金の使い方ひとつ変えることで、あなたが自らの中に持っているさまざまな価値は、高まっていくからです。

★40代で人生を変える言葉25

お金の使い方で人生は変わる！

大金を積んでもするべき体験

「体験を買いましょう」と私が講演でお話しすると、じつは、みなさんあまりピンと来ていただけません。

いまさら買わなければならない体験があるだろうかと思っていただけるならまだしも、金銭のやりとりのない純粋な体験こそが体験だとする純情な反応も、なぜか返ってきます。

いずれも、世の中には見たことも聞いたこともない、とてつもない世界が存在することに対する想像力を、もっと働かせなくてはなりません。

たとえば、ヨーロッパには依然として貴族階級が存在するところがあります。現代では、貴族を貴族と呼んだり、平民はその社会に交わることができないという身分差別はありませんが、やはり歴然とした上流階級があるわけです。そのような貴族たちが、どのような場所で、どのような暮らしをしているかご存じでしょうか。

じつは、私も詳しいわけではありません。ですが、かつて旅行先のイタリアで、たまたま知り合った貴族に一度夕食に招待されたことがあります。爵位はバローネ、最も階級の低い男爵です。

それは、その一家と夕食をともにしただけのことですが、招待されたのはパルマの郊外にあるレンガ造りの広大な邸宅でした。彼は、「もうずいぶん行っていないが、オーストリアとの国境近くに、小さな城を持っている」といっていました。

彼はパルマに農園を持ち、生ハムやチーズの製造工場を経営し、県都パルマで劇場も運営しています。パルマでは、生ハムのプロシュートや、チーズのパルミジャーノ・レッジャーノが有名ですが、それらの製造過程は法律で厳格に決められており、彼はその評価委員会の委員でした。そのほかにどれほど多くの肩書があるのか、私には想像もつきません。

午後早くその邸宅につくと、どこからか風に乗って豚小屋の臭いが流れていました。使用人はもちろん、主人もそのことを何も気にしません。私はそのとき、住居に家畜の糞尿の臭いが流れてくることは富と豊かさの象徴だと、はじめて気づきました。

もちろん、その貴族はイタリアを代表する富裕層ではなく、上にははるかに上がいて、その世界はうかがい知れません。

私にとって、これは大金を積んでもするべき体験でした。本物を求める私の世界観を、また広げることができたからです。

イタリア貴族の生活に触れたところで何になるのだ、と考えるかもしれません。しかし、そうした体験は、人間が成長する上でじつは非常に重要です。

★40代で人生を変える言葉26

体験が一番成長できる！

経験に限界を設けない

私は、わざわざ機会をつくって、さまざまな経験を買っています。

たとえば、私は、40代のはじめから世界の一流ホテルを泊まり歩き、世界で一流とされる文化や芸能品、あるいはブランドにふれ、世界最高の製品やサービスがどのようなものであるかを実践的に学んできました。そうした環境に自分を置くことで、自らを高揚させると同時に、そうした環境でごく自然に振る舞えるように自分を高めているわけです。

そうすることで、私が何をえたのか。

一言でいえば、平常心でしょう。

私たちの多くは、大舞台に上がるような経験をなかなかすることができません。海外出張の飛行機でエコノミーに乗りつけていれば、そうやって窮屈に移動しなくてはならない縮こまった気持ちが身にしみついてしまいます。出張先で大衆ホテルに泊まらなければならないとすれば、自分の価値がその程度のものだと思い込んでしまうでしょう。

その刷りこみが、私たちが大きく飛躍すること、驚くほどの成長を遂げることの妨げになるわけです。

世界で一流とされるさまざまなものに触れてきた私は、そんな刷りこみとも無縁で、つねに自然にその場に溶け込む訓練ができています。

たとえば、飛行機のファーストクラスに乗り、周りの全員が世界的な大企業の経営者であっても、余裕綽々《しゃくしゃく》です。

かりにアメリカ大統領とホワイトハウスで懇談する機会に恵まれたとしても、平然と話ができるでしょう。どのような相手とも対等の関係が築けなくて、人生の夢や目標が達成できるはずがありません。

私の病院には、社会的に高位にある人が海外から治療に訪れることがあります。

相手は、とても高額の治療を求めてやってくるわけですが、私がそのことに心を奪われていては、本当に患者さんのためになるベストの治療を行うことができなくなります。相手の地位や、相手が払う治療費のことから遠く距離を置いて、私は相手に自然に接することができなければなりません。

また、私は最高の治療を施し、相手は高額の治療費を払うというのは、どちらが上で、どちらが下という関係ではありません。高額の対価をもらうことで頭を下げなければならないような自分であったとすれば、私の夢と目標はとうてい達成できなくなるでしょう。

そのために、ファーストクラスにせよ、最高級ホテルにせよ、私はあらゆる一流の経験を買っているわけです。

人生でかなえたい大きな夢と目標があるあなたも、私と同じように、経験を買ってください。そして、その経験に、この程度でいいという限界を設けないでください。

毎回、大きな出費ができないというのなら、年に一度でもいいのです。そして、同乗した一流の人たちの立ち居振る舞いを注意深く観察し、彼らのやり方を身につけていくのです。互いに交わすちょっとしたあいさつの仕方、キャビンアテンダントへの接し方、身だしなみ、あるいはくつろぎ方の流儀、彼らの何げない仕草が大いに勉強になるはずです。

あなたがそれを身につければ、わかる人たちには、つまり素晴らしい成功者たちには、あなたの価値の高さがわかります。なぜなら、彼らもあなたと同じようにして、それを身につけてきたからです。

50代、60代で素晴らしい人になるために、あなたもぜひ、経験を買ってください。

★40代で人生を変える言葉27

経験を買おう！

パワーパートナーをつくる

お金の使い方とともに、とても重要なのは時間でしょう。

ここでは、時間の使いでを増やす技術について述べましょう。

ご存じの方もいると思いますが、時間の使いでは、時間管理を行うか否かでたいへん大きな違いが生まれます。

私は30代で、時間管理の手法を徹底的に学びました。

それは、たとえお風呂に入っているときにビジネス教材を聴くとか、電車に乗っている間に朝礼で行うスピーチをまとめるとか、何かをしている時間を使って別のことを同時に行う手法です。

このほかにも、夜眠っている間や、クルマを運転して移動する時間、食事をしている時間など、活用できる時間はかなりあります。もちろん、睡眠や運転に支障をきたしてはいけませんから、その時間にどのような性質のタスクを行えばいいか、最適な選択を行うわけです。

時間管理のこのような初歩をマスターするだけでも、人生の時間は2倍くらい有効に使えます。時間管理の手法を学ぶセミナーがありますから、こうした技術に馴染みのない人は、一度のぞいてみることをお勧めします。

もちろん、24時間にわたって時間管理を行おうとすれば、資格試験の受験生でもないかぎり、長つづきはしないでしょう。**40代ともなれば、ひとつの仕事に集中し、じっくり思案する時間も必要です。**

そこで、通勤時間だけとか、午前中だけとか、あるいは日中会社にいる間だけというように、時間を区切って時間管理をすることがベストです。私の場合は、午前9時から午後5時までがその時間で、それ以外はまったく時間管理をしないというのが、40代の習慣になっています。

もうひとつ、時間の使いでを大幅に増やす方法は、パワーパートナーをつくることです。

パワーパートナーとは、その人の夢や目標に対して深く理解し、進んで協力を申し

出てくれるパートナーのことです。

私の場合を紹介すると、旅行代理店に所属する、海外出張や旅行のセッティングを行ってくれるパワーパートナーや、取引先銀行に所属する、クレジットや資産管理のパワーパートナーがいます。あるいは、病院のほぼすべての経理処理を行ってくれる会計士事務所の担当者も、心強いパワーパートナーといえます。

たとえば、旅行代理店のパワーパートナーであれば、非常に立て込んだ海外出張スケジュールをこなすための航空券を、私が電話ひとつかけるだけで確保してくれます。私が航空会社のネット注文を使って、自力でそれを確保しようとすれば、確定するまでに相当な時間を要します。この区間だけ予約をとることができない、というケースも発生するでしょう。

そうした**手間と時間をかけることなく、面倒な手続きをすべてパワーパートナーがこなしてくれるため、私はその時間を別の仕事に費やすことができます。これが、パワーパートナーがもたらす時間の効率化効果です。**

銀行のパワーパートナーは、私個人のクレジットラインを管理し、クレジットが不足するときは自動的に資金を口座から移してくれます。私は後日、報告を聞くだけです。クレジットの残高を気にかけることも、旅先でカードを使いすぎて不安になることもありません。パソーパートナーがつねに管理して、私が不測の事態に陥らないようにしてくれるからです。

パワーパートナーの働きに対しては、もちろん金銭の対価を払うわけですが、これは彼らの通常業務の範囲の仕事というわけではありません。長い取引関係の中で、彼らが私の活動を深く理解し、そこに積極的に関与してくれることによって、はじめて成り立つ関係です。

こうした**パワーパートナーをつくることを心がければ、あなたも1年のうちの1カ月、あるいは2カ月という単位で、自分で自由に使うことのできる時間を新たに生み出すことができるでしょう。**

また、パワーパートナーの発想にならえば、時間を買うこともできます。

たとえば、単身赴任先の独り暮らしで、週末にお客さんを回ったほうがあなたの成績が上がるというケースなら、週末に行う予定の洗濯や掃除は、誰かにアルバイトでやってもらってもいいわけです。

このほかにも、人手を買うことによって、それ以上の成果を上げることのできる仕事は、意外と多いのではないでしょうか。

人生の時間はかぎられています。

そのかぎられた時間の中で夢や目標を達成しなければならないわけですから、自分の時間を増やす手段をつねにフレキシブルに用意していくことが重要です。

何でもかんでも自分でやるという発想は、40歳になったら、きれいに捨ててしまいましょう。

★40代で人生を変える言葉28

時間を買え!

自己実現は身体づくりから

お金と時間を使って、健康を手に入れることもとても重要です。

身体が資本といいながら、多くの人がふだん意識しないことは、健康がお金と時間を生む源泉だということです。健康がなければ、当然、夢や目標も達成できません。にもかかわらず、健康に留意する40代がきわめて少ないことは、じっさいかなりの驚きです。

健康というと、病気や肥満の予防を連想する人も多いでしょうが、私はそれを健康だとは思いません。私たち40代が目指すのは、50代、60代になったときの健康です。不摂生をしていれば、たとえいま健康体だったとしても、10年先は保証のかぎりではありません。**いま不摂生をしていないとしても、30代のときと同じ生活を相変わらずつづけていれば、やがては身体に年齢相応のガタがくるでしょう。そんなことで夢や**

目標が達成できるはずがありません。

50代、60代に健康であるためには、いまから身体を鍛える必要があります。ここで私がいう健康は、身体の鍛錬なのです。

さまざまな機会に述べていることですが、私は、40歳になってピラティスを始めました。

ピラティスというのは、呼吸法を使いながら体幹の深層筋を鍛えるトレーニングです。私が行っているのは1回2時間ほどのプログラムですが、最初はかなりの気合と根気が必要でした。

ピラティスの効果は、代謝の向上、筋力増強などとともに、姿勢の矯正が知られています。身体を鍛えるだけなら、ほかにもエアロビクスなどさまざまな運動プログラムがあるわけですが、私にとって当面はピラティスが最も効果的だと考えて、これを選んだわけです。

その理由は、筋力増強と姿勢の矯正効果でした。

身体を鍛えるにしても、私には、50代、60代にどのような身体でいたいかという明確なイメージがあります。肥満しなければいいというのではなく、腕や脚にはこういう筋肉をつけて、胸と腹筋はこうしたいという望みがあります。

なぜなら、私は、50代、60代になったときに、体型に見合った洋服を身につけたいという思いがありますし、それを着こなすための身体をつくっておきたいと考えています。それは、ナルシズムでそう考えているのではなく、その身体を維持していくことが、理解者、協力者の獲得に役立ち、夢や目標の総仕上げをする力になると考えているからです。40代で身体ひとつをつくることも戦略的に捉え、焦点がピシッと定まってぶれのない身体の絞り方をしているわけです。

人生の成功を間違いなく手に入れるためには、必要な能力のそれぞれに、そのくらい精密な青写真を描き、それを実行していく必要があると思います。

また、50代、60代になったときの自分の姿は、あらゆることにいえることですが、50代、60代になってから準備するのではとても間に合いません。10年先に実現させようと思うならば、それはいまスタートさせないかぎり実現しないのです。

一例を挙げれば、作家の野坂昭如さんは、50歳のころからラグビーを始めました。動機は、あるとき自分がさっぱり走れなくなっていることに気づいたからです。

彼の世代は学生運動花盛りで、警官隊に石を投げては、脚力に頼って一目散に逃げることが、若き日の日常だったといいます。その思いが職業作家としての、彼の原動力だったわけです。

ところが、ある日気づいてみると、自慢の脚力は失われ、20メートルで息は切れ、走る姿も女走りのようになっていました。座りっぱなしで原稿を書き、外に出ても憂さ晴らしに夜な夜な大酒を食らっていたわけですから、それも当たり前です。

そこで彼は一念発起し、仲間とアドリブというクラブチームをつくってラグビーボールを追いかけました。しかし、脚力はさっぱり戻らないばかりか、グラウンドをちょっと走ると足を取られてすぐに転倒してしまいます。**一度とことん失った筋力は、簡単には若いころに戻りはしないのです。**結局、彼は、思ったような自分をとり戻すことなく、クラブチームの一線から退いていきます。

残念なことですが、50歳になってからの準備では、あまりにも遅すぎたということでしょう。私たちは、これをもって他山の石とすべきです。

さて、あなたは、50代、60代の自分の姿を具体的にイメージしているでしょうか。もし具体的にイメージしていなければ、いますぐにそれをイメージしてください。そして、そのときにどのような服装をしているか、どのようにしっかりとした歩き方をしているか、走るときはどうか、姿勢はどんな感じか、できるだけ詳細に描いてください。

そして、その明確なイメージにしたがって、どのような方法で鍛えるべきかを考えましょう。

心肺能力を重視するならジョギングや水泳がいいでしょうし、上体の筋肉を鍛えるならピラティスやスポーツジム系の筋トレがあります。本格的なヨガで強くしなやかな身体をつくる方法もあるでしょう。

大切なことは、未来の自分の肉体をあらゆる角度から強烈にイメージすることです。それが自己実現の王道であると述べたように、その法則は身体づくりにおいても、必ずあなたの望みをかなえてくれます。

★40代で人生を変える言葉29

健康でなければ何もできない

第3章まとめ

●本物にお金を使うことは未来の理想の自分になるための習練
●なすべきことだけをやりつづけていけば、望みどおりの自分に自然になっていく
●お金の使い方ひとつで、あなたの中のさまざまな価値が高まる
●「体験」があなたをより成長させ、本物に近づける
●経験に限界を設けず、一流の経験を惜しまず買う
●パワーパートナーを見つけ、限られた時間を有効に使う
●40代になったら、何でもかんでも自分でやるという発想を捨て去る
●成功の第一歩は健康から
●未来の自分の肉体をあらゆる角度から強烈にイメージする

第4章
今までできなかったことができるようになる！
～「自由に選択できる人生」を手に入れる「潜在意識」活用法～

潜在意識があなたをコントロールする

その昔にこうしたいと思っていたことが、それをすっかり忘れていたのに、あるとき気がつくと実現している、ということがよくあります。

たとえば、いま本を書いている私がそうです。

専門分野の論文を出版するなら当たり前かもしれませんが、私がビジネス書を世に問うチャンスに恵まれるとは思ってもみないことでした。とはいえ、その昔を思い出してみると、青年のころ読書に没頭し、「自分も、こういう立派な本を書きたい」と考えていた一時期がありました。そして、ふと気づいてみると、いつの間にか本を書く人の仲間入りをしているわけです。

ご存じのことでしょうが、これは潜在意識の働きによるものです。

私たちの意識には、はっきりと自覚することのできる顕在意識と、まったく自覚することのできない潜在意識の2つがあります。フロイトやユングの心理学でいえば、意識と無意識です。

潜在意識が持つ力について、すでに学んだ人は多いと思いますが、40代は、潜在意識の使い方に磨きをかけ、コミュニケーションや人間関係にその力を応用していくことが必要です。

まずは、簡単に潜在意識についておさらいしておきましょう。

人間はその行動や思考の多くを、顕在意識によって行っています。たとえば、目の前にある課題に対して、「さあ、始めなくちゃ」とか「次はこの問題を解決しよう」とか、たいていの人は意識して取り組んでいることでしょう。

そのため、**私たちは目を開けて起きている間、あらゆることを意識して行っていると思いがちです。**

しかし、じっさいはそうではありません。潜在意識によって行う行動や思考もたいへん多いのです。

私たちの日常の習慣などは、ほとんどが潜在意識によるものです。

たとえば、のどが渇いているわけでもないのに、来客があるたびに一緒にコーヒーを飲み、すぐに胃を荒らしてしまうなどはその典型でしょう。胃が悪くなるのなら飲まなければいいのに、そういう人はなぜか飲んでしまいます。潜在意識が、「お客さんが飲んでいるのだから、気を悪くさせないように、私も相手に合わせて飲まなくちゃ」と命令しているわけです。

このように潜在意識は、本人が知らないうちに、あなたをコントロールしています。本人がどのような潜在意識を持っているかによって、いい作用をもたらす方向にも悪い作用をもたらす方向にも、非常に大きな影響を及ぼすわけです。

私は、潜在意識について学び、自らその法則を実践してきた結果、次のような結論にたどりつきました。

人間関係がうまくいかないとか、コミュニケーションがうまくとれないとか、対人関係で生じる問題は、そのほとんどは潜在意識が原因です。
自らの潜在意識をコントロールする術を身につけ、相手の潜在意識に語りかけることができれば、たくさんの人と本当に心を通わせた人間関係をつくることができます。

ここに挙げた結論は、私が自らの方法で潜在意識をコントロールし、じっさいにいのうえ歯科にやってくる患者さんとのコミュニケーションに応用し、大きな効果を生んだという実績に基づいています。

まだ完成した方法とはいえませんが、これはさまざまなビジネスシーンに応用できるはずです。また、これは、尊敬と信頼を集める40代になるための、ワンランク上のコミュニケーション手法にもつうじます。

その方法は追って説明していきますが、40代は、コミュニケーションや人間関係に潜在意識を活用していくことが重要です。40代として発揮すべき説得力や交渉力を高めるためには、知識や理論以上に、潜在意識の活用にカギがあるからです。

★40代で人生を変える言葉30

潜在意識をマスターしろ

潜在意識に語りかける

私の病院がメインにしているインプラントは、保険外治療です。歯を埋め込むのに、1本当たりおよそ40万円がかかります。

これだけの費用をかけるのですから、埋め込んだ人工の歯は、見栄えはもちろん、自前の歯と同様の最高の状態を回復することが求められます。私の腕の見せどころは、そこにあるわけです。

とはいえ、患者さんとすれば、「高額治療費を払っても、本当に歯が元どおりになるのだろうか」と猜疑《さいぎ》心を抱いて当然です。

じっさい、技術が伴わないインプラント手術をされたことが原因で、歯も健康も害してしまったという患者さんが存在し、ニュースにもなっています。

想像していただきたいのですが、たとえば家を建てるときに、施主は建築の素人です。坪何十万円という建築費を払い、現場を訪ねて作業を眺めても、本当に業者が間違いなく施工しているかどうか、何もわかりません。

中には悪徳業者もいて、基礎工事で手抜きをしたり、建築部材をけちって規定の強度を守っていなかったり、最悪の場合は建て逃げも起こります。

施主としては、たとえ立派な邸宅が目の前に完成しても、「たしかに大丈夫」という確信を持つことができません。

インプラントの患者さんも、宿命的に同様の不安を抱えています。

それは、私の技術が世界水準にあり、海外からも手術を受けにやってきて、これまでの実績も間違いないとどんなに説得したところで、解消できないわけです。

私が潜在意識の活用を考えたのは、こうした患者さんの不安をいかにして解消するかという問題が出発点でした。

じつは、患者さんから猜疑の目を向けられると、歯科医師も内心苛立《いらだ》ちます。

医療は商売と割り切っているなら、適当にいいくるめようとするだけでしょうが、最高の価値を提供するために全身全霊をかけて知識と技術を身につけてきた者は、そうもいきません。

私がどんなに苛立ったところで、それは患者さんを変える力にはなりません。そこで、私はあるときから、患者さんの潜在意識に語りかけるという方法をとるようになりました。

★40代で人生を変える言葉31

潜在意識に語りかけろ！

潜在意識の中にある願望

その理由は、こうです。

お金のことを気にかける患者さんの意識は、顕在意識です。

その**顕在意識と戦って、それを変えようとするから問題が起きる、**ということがひとつ。

もうひとつは、**患者さんはわざわざ帯広にあるいのうえ歯科にやってきたのだから、潜在意識の中に、最高の状態を取り戻したいという強い願望があるはずだ、**ということです。

こうして私は、患者さんの潜在意識に語りかければ、治療の価値の話ができるはずだと気づいたわけです。

考えてみると、たとえ帯広の私のところにわざわざやってはこなかったとしても、インプラント治療を受けようと思う患者さんは、潜在意識の中に最高の治療を受けたいという願望があります。ですから、患者さんの潜在意識に語りかけることのできる歯科医師が多くなれば、やがて患者さんも、歯科医院でつねに治療の価値の話をするようになるでしょう。

この話は、あらゆるビジネスシーンに適用できる、ある事実を含んでいます。

つまり、**あなたのもとにやってきたり、あなたと一緒に仕事をしようとする相手は、みな潜在意識の中に、高い価値を提供してくれる相手と一緒に仕事をしたいという願望があります。**

当たり前のことですが、誰も、あなたとは仕事をしたくないとか、あなたが提供する製品を買いたくないという考えはありません。

それなのに、あなたが失敗したり、交渉がうまくいかなくなったりするのは、あなたが相手の顕在意識と戦って、それをねじ伏せようとするからです。すべての人間は、自分をねじ伏せようとする相手を排除しようとするものです。

逆に、相手が潜在意識の中に持っている願望に対して語りかけるようにすれば、あなたが失敗したり、交渉を成立させられないということは、目に見えて減るでしょう。そう断言できるのは、私がいのうえ歯科でそれを実践し、高い成果を収めているからです。

相手には潜在意識の中に必ず願望があり、その潜在意識に語りかけることが重要だという点を、まずはしっかり頭に刻み込んでください。

★40代で人生を変える言葉32

「相手の潜在意識について考えよう」

あなたの中にある悪い潜在意識

相手の潜在意識に語りかけるときは、じつは自分の潜在意識のあり方がとても重要です。相手の潜在意識にある願望は、自分のいい潜在意識が伝わることによって、表面に浮かび上がってくるからです。

たとえば、インプラント治療でいえば、かりに私がお金儲けをしたいという潜在意識を持っていれば、たとえどんなに表面的にいいことを話しても、患者さんは治療の価値について話をしようとしません。

お金儲けをしたいという潜在意識があれば、それは表情や口調、立ち居振る舞いにすべて出てしまいます。

先に少しふれたように、人間というのは、一言二言話をするだけで、じつは人格の高さ低さをすべて露わにしてしまう存在です。ちょっと会話をするだけで、相手がどのくらい出来た人物か、知識のある人物か、上辺だけ飾った人物か、みなすぐにピンと来てしまいます。

このことは、いい潜在意識を持った人物かどうかについてもいえることです。じっさい、私たちは相手の顔を一瞥《いちべつ》するだけで、「あの人はいい人だ」とか「近寄らないようにしよう」とか、判断を行っています。**私たちが下す「悪い人のようだ」という判断は、その人の潜在意識に悪いものが入っていることを指しています。**だから、「悪事に巻き込まれそうだから、つき合うのをやめよう」と考えるわけです。

私の潜在意識の中に悪いものが入っていれば、患者さんにはすぐにわかってしまいます。あなたの目の前にいる交渉相手も、あなたの潜在意識の中に悪いものが入っていれば、同じように感じるでしょう。

つまり、相手の潜在意識に語りかけるためには、まず自分の潜在意識に悪いものが入らないようにしなくてはいけません。

★40代で人生を変える言葉33

［まずは自分の潜在意識］

潜在意識をきれいに保つコツ

そのためには、何をどうすればいいでしょうか。

潜在意識の中にあるものは、すべて記憶です。

何かを体験したときの感情や思いが顕在意識として記憶され、それがいずれ忘れられて、潜在意識の中にしまいこまれます。

たとえば、他人から激しく叱責《しっせき》されたとします。そのときに、嫌な感情を抱けば、それがいずれあなたの潜在意識の中に入ってしまいます。逆に、「成長する気づきを与えてくれてありがとうございます」という感情を抱いても、それがいずれ潜在意識に入っていきます。

前者のように悪い潜在意識が蓄積すれば、それが伝わって、相手はあなたを警戒するでしょう。警戒されれば、あなたがどんなに口でいいことをいっても、相手はそれを信じません。これでは、相手の潜在意識に語りかけることなどできません。

逆に、後者のようないい潜在意識が蓄積すれば、それが伝わって、相手は心を許すでしょう。相手は、あなたの話に耳を傾けようとするし、あなたが相手の潜在意識に語りかければ、それが表面に現れてくるわけです。つまり、相手の潜在意識に語りかけるためには、自分の潜在意識をきれいに保っておく必要があるのです。

そのためには、悪い記憶や感情を持たないようにすることが重要です。たとえわからず屋の上司におかしなことで叱責されても、単純に反発するのではなく、何が原因でそんなに怒っているのかということを受け止めることです。そして、その原因を知り、こんなことで激しく叱責する人がいるのかと感じたら、「そういう人がいることを学びました。ありがとうございます」と、ひとりになったときに言葉に出していうことです。

日常的に感情的な悪い言葉を使う習慣のある人は、その習慣もやめるようにしましょう。

感情的な悪い言葉は、過去に経験した嫌な記憶を呼び覚まします。嫌な記憶をそのたびに追体験することになり、潜在意識の中のその記憶が強化されていきます。その結果、自分の潜在意識がどんどん悪いほうへ向かってしまうのです。

潜在意識をきれいに保つコツは、相手を否定しないことです。相手を否定すれば、

その感情は必ず悪いものになり、悪い記憶を生み出します。

逆に、どんなときでも相手を受け入れるように努めれば、その感情がたとえいいものとはいえないとしても、悪い記憶として潜在意識の中に取り込まれることはなくなります。相手を受け入れることで学びが生まれたときに、学びに対してつねに「ありがとうございます」という素直な気持ちを持てば、それはすべていい記憶として取り込まれていくはずです。

「実るほど頭を垂れる稲穂かな」という詠み人知らずの俳句があります。

一般に、学識の優れた人は地位が上がっても謙虚に生きなさい、という戒めだと受け取られていますが、私流に解釈すれば、これこそが自分の潜在意識をきれいに保つ秘訣です。人間は、謙虚になればなるほど潜在意識を大きく活用できるようになり、力がついていくということです。

★40代で人生を変える言葉34

言葉に気をつけろ！

孫正義CEOのイメージ浄化法

ソフトバンクの孫正義CEOは、私が尊敬する人物のひとりです。

直接、お目にかかったことはありませんが、パソナソフトバンク元社長で現エクセレントパートナーズCEOの南部恵治さんから孫さんのお話を聞き、とても素晴らしい考え方をお持ちの方だとうかがっています。

先だって、南部さんと、孫さんのコミュニケーション術の話になりました。南部さんはこんなことをいいました。

「孫さんのすごいところは、人の何倍もの人生を生きている。何十年も生きてきた相手の人生を、一瞬にして自分のものにしていくからね。そういう意味では、孫さんは何百年という人生をすでに生きているのと同じだよ」

何の話かといえば、孫さんが相手の知識やノウハウを、そっくり自分のものにしてしまう交渉術のことです。

南部さんがいうには、孫さんは自分よりも優秀で経験のある先駆者を訪ねては、相手からいろいろなことを教えてもらっているそうです。**相手はその知識とノウハウを与えるために、それこそ何十年も費やしてきたわけですから、孫さんは相手の人生をまるごと持って行ってしまうようなものです。**

そして、こうしてえた知識とノウハウで、孫さんは大きなビジネスを次々と成功させているわけです。

しかし、それでいながら孫さんは、誰からも嫌われません。むしろ、優秀で経験を積んだ先駆者に、好かれているのです。

この話を聞いたとき、私は**「なるほど。潜在意識だな」**と思いました。

つまり、優秀で経験を積んだ先駆者は、潜在意識の中に、自分が到達した知識やノウハウを次の世代に承継させたいという願望があるはずです。

しかし、「その知識とノウハウで、自分がお金儲けをしたい」と申し出たところで、先駆者がそれを教えるはずはありません。孫さんは、それがビジネスになるから教えてもらいたいわけですが、彼はそこでお金儲けという価値の話をせずに、きっと知識とノウハウそのものの価値の話をするのでしょう。その価値が引き継がれていかなければ、日本人、あるいは人類にとっての損失だ、と。

口でどんなにうまいことをいっても、潜在意識に悪いものが入っている人なら、受けつけてくれないに違いありません。

しかし、孫さんにはそれがありません。私利私欲なく懐に潜り込んで、率直に教えを請うわけです。きっとその姿を見て、先駆者は「この男なら」と教えてしまうのでしょう。

この話をすると、南部さんは間髪をいれずに、「そうなんですよ」と返してきました。孫さんと親しい南部さんから同意をいただいたので断定的に述べますが、つまり、孫さんも相手の潜在意識に語りかけているということでしょう。

南部さんは、さらにこんなことを話してくれました。

孫さんが、悪い感情や悪いイメージが自分の中で起こっているときにどうやって克服しているかというと、その原因から物理的に離れて、よく眠り、悪いものをすっかり忘れるようにするそうです。

とにかくリラックスして悪い感情や悪いイメージから離れ、いいイメージのみが蓄積していくように自分を持っていくわけです。

そして、孫さんは、自分にいいイメージが満ちてきたら、そこへ自分をどのように持っていくか、具体的なプロセスをイメージするそうです。

何気ない話に聞こえるかもしれませんが、これはたいへん示唆に富んだ内容です。なぜなら、これこそ成功している人たちがそれぞれ身につけている「イメージの浄化法」であり、「潜在意識の書き換え」だからです。

★40代で人生を変える言葉35
成功者に学べ！

部下や上司とのコミュニケーションを円滑にする方法

40代になると、部下とのコミュニケーションは、けっこうたいへんです。

自分のもとにやってくる新人は自分から見てどんどん幼くなり、やがては自分の子ども世代がやってきます。身につけている社会常識も、ボキャブラリーも、年々はるか遠い異星人のようになっていくでしょう。頭が痛いと感じる人は、とても多いのではないでしょうか。

私はよく、**40代はスポンジになりなさい**、といっています。

これは、いくらでも水を吸収するスポンジのように、相手のいうことを吸収する存在という意味です。たとえ社会常識やボキャブラリーが異なっていても、話の内容を無限に吸収していくわけです。

努めてこれを実行すると、メリットがたくさん生まれます。

まず、相手のいうことをよく聞く人は、相手から好かれます。

相手のいうことをよく聞くというのは、相手のことをよく理解するということですから、こちらも相手の利益になることをいうことができます。相手の利益になるいいことを話せる人は、間違いなく尊敬されます。

また、相手のいうことをよく聞けば、自分の潜在意識をきれいに保つことができます。なぜなら、相手の話を聞くことは相手を受け入れることだからです。相手を受け入れることができれば、悪い感情は決して生まれません。

40代をどう生きるべきかと考えているあなたに、相手の話をよく聞きなさいというのは、あまりにも初歩的でおかしな話かもしれません。自分は取引先に対しても、部下に対しても、あるいは仕事以外のつき合いでも、相手の話をよく聞いている、だから余計なお世話だと怒るでしょうか。

しかし、本当に相手のいうことをよく聞いている人は、意外と少ないものです。

会社の中を見回しても、あの人は人の話をよく聞く人だといわれる人は、きわめて少ないのではないでしょうか。

「部下の話をよく聞いてくれる上司はいるか」というテーマで、さまざまなビジネス雑誌が特集を組んでいることからも、その状況は目に余るものがあると推察することができます。

なぜそうなのかといえば、相手の話を聞く人が、その相手を認めていないからでしょう。

相手の話の中に粗《あら》を探したり、相手をやり込めようとしたり、相手の考えを変えようとしたり、そうしたやりとりをするために相手の話に耳を傾けたとしても、それはすべて自分の話でしかありません。自分の主張をとおすために、相手の話を利用しているだけのことです。

これでは、相手を受け入れることになるはずがありません。

相手の話をよく聞くというのは、単に、相手が話す情報を理解することではありません。人の話をよく聞くというのは、これまで考えられてきたほどには簡単なことではないのです。相手の立場に立ち、相手の気持ちに踏み入ることです。大げさにいえば、相手になりきってみること、ともいえるでしょう。

人間は、認めてくれる相手に対して、同じように認めてくれるものです。

自分が変わらなければ相手は変わらないと先に述べましたが、これは同じ原理です。私は、新人の問題だけでなく、会社の中のあらゆるところに蔓延《まんえん》している世代間ギャップは、すべてこれが原因ではないかとも考えています。

世代間ギャップに悩まされているとすれば、それはあなたの潜在意識にいい影響を及ぼすはずがありません。問題についてあれこれ考えて悪の循環に陥るよりも、相手の話をよく聞くことのほうが、よほど簡単に問題を解決してくれます。

このような認識に立って、40代では、相手の話をスポンジのように吸収することを実行していくことが大切です。

★40代で人生を変える言葉36

「40代こそスポンジになれ！」

潜在意識を簡単に変える方法

笑顔が素敵な人は、それだけで人を魅了します。

笑顔やちょっとした仕草は、じつは潜在意識の豊かな表現の場です。なぜなら、表情や仕草は、無意識に出ているものです。意識してつくっているわけではありませんから、そのすべては潜在意識によって生み出されているといっても過言ではありません。

私は、表情にも潜在意識がにじみ出ることを知り、30代のときに、ずいぶんお金をかけて徹底的に笑顔をつくる訓練をしました。

素晴らしい笑顔ができなければ、私が心からその人のためになると考えていることも、患者さんに正しく伝わりません。そのために、私は訓練によって、それを手に入れました。訓練していたときの笑顔は顕在意識の笑顔ですが、いまは意識しなくても笑顔ができるため、潜在意識の笑顔です。

なぜ笑顔のことを取り上げたのかというと、**人間のちょっとした動きや態度、表情は、すべて雄弁なコミュニケーションであるという点を述べるためです。**

私たちはコミュニケーションというと、話す、書くということに目を奪われてしまいます。

ところが、そうしたメインストリームの陰に、言語とは別の膨大な潜在意識コミュニケーションがあるわけです。

潜在意識コミュニケーションというと、そんなものでビジネスは動かないという人がいるかもしれません。しかし、圧倒的多数のビジネスマンが、「人間は外見が命」とか「商談は第一印象で決まる」といわれて、そのとおりだと認識を新たにしているわけです。

成功している人は、もともとそうした点を非常によく心得ています。

たとえば、身だしなみ、着こなし、食事のとり方など、相手が醸し出す生活の表情を、彼らはとてもよく見ています。

言語による情報ではなく、言語にならない情報の中に、相手の話の真贋《しんがん》を見ようとしているのです。言語にならない情報は、そのほとんどが潜在意識の世界ですから、よほど訓練の行き届いた００７でもなければ、何事も悟られてしまうわけです。

あなたの一挙手一投足はすべて、相手に何かを伝えています。

人生に大きな夢と目標を持つ人は、このような点も考慮して取り組むことが必要でしょう。

いまから笑顔の勉強をしなさいというわけではありません。また、モデルさんのように優雅に見える身のこなしを訓練しなさいというわけでもありません。

ただ、たとえばビデオカメラを部屋に設置し、ありのままの日常を撮影して、自分が客観的にどう見えるのかを知っておくことは必要かもしれません。

そこに、自己イメージとは程遠い自分がいることを発見すれば、それはそれで大きな気づきにつながります。

また、それを未来に夢や目標を達成したときの自己イメージと比較すれば、いま欠けている要素もすぐにわかります。

後はどこまで努力するかが問題ですが、未来の自分に向かって、それを意識的に直す程度のことは簡単にできるのではないでしょうか。

「人間は外見が命」や「商談は第一印象で決まる」という世界の先には、じつははるかに深い潜在意識コミュニケーションの世界が広がっています。

40代で大きな飛躍を期す人は、あらゆる人間関係、あらゆるコミュニケーションに潜在意識が大きく作用している点に、認識を深めていただきたいと思います。

★40代で人生を変える言葉37

人間は外見が命である

第４章まとめ

●人間関係やコミュニケーションがうまくいかないのは、そのほとんどが潜在意識が原因

●相手が潜在意識の中に持つ願望に対して語りかけることが重要である

●まず自分の潜在意識に悪いものが入らないようにする

●潜在意識をきれいに保つコツは、相手を否定しないこと

●悪いことに直面したら、原因から離れ、リラックスし、悪いことを引きずらない。そして、いいイメージだけが自分を満たすよう変えていく

●40代は相手の話をスポンジのように吸収することを実行する

●あらゆる人間関係に潜在意識が大きく作用していることを認識する

第5章
「自由に選択できる人生」を手に入れる9つのリスト
～40代を楽しく生きる！人生を変える9つのリスト～

自分の人生を振り返る

たとえば、格闘技には型というものがあります。柔道、空手あるいは相撲でも何でもいいのですが、習いたての人は必ず型から学んでいきます。

型の練習は、手順どおりに組み手を行い、身体の動かし方を修得する方法です。初心のうちは、いちいち考えながら身体を動かしていきますが、慣れてくると何も考えずに自然に無駄なく身体が動くようになります。さらに練習をつづけていくと、今度は試合で相手と身体がぶつかった瞬間に、型で覚えた技を切れ味よくくり出せるようになるわけです。じつは、ビジネススキルも、こうしたスポーツの技と同じです。

自分に蓄積している知識や技術であっても、相手と状況を考えながら使っているうちは、それは自分の中でまだ本質的なスキルになっているとはいえません。本当に相手に通用するのかどうか、自分でも疑っているところがあるはずですし、それを見透かされまいと守りの気持ちも働くでしょう。そうした隙を見抜いて、相手もそれがど

ういうテクニックか、すぐに見破ってしまうわけです。

こうした段階にとどまっているかぎり、お客さんでも社内の仲間でも、相手を本当の意味で動かすことはできないに違いありません。テクニックでやっているうちは、この壁に必ず阻まれるわけです。

ところが、徹底的にビジネスの型を練習した黒帯は、もはやこのような懸念とは無縁です。相手の利益を考えることだけに集中し、テクニックの中に込められた本質で勝負しようとするからです。それも努めてそうしているのではなく、まったく無意識のうちに自然な提案や意見、あるいは行動が生まれてくるはずです。

これは、テクニックをテクニックに見せないという装いの問題ではありません。テクニックの習得も、それをひたすらくり返すことでテクニックという垣根を超えてしまいます。垣根の先で身につくものは、人間としての本質的な魅力、つまり人間力なのです。

40代でテクニックと本質との違いを理解し、実践できるようにすることは、50代、60代で大きな成功を手に入れるための非常に大きなポイントです。

したがって、40代を迎えるに当たり、あなたが20代、30代で身につけてきた知識と技術は、それが本当に有効か、本質的なものか、正当に評価しなくてはいけません。

評価のポイントは、その知識と技術を磨いていくことが人間力の獲得につながるのか、また、つながるのであれば自分がいまその過程のどのくらいの到達点にいるのか、ということです。

こうした自己評価をしっかりと行えば、自分がまとっている装いがすべてはげ落ちて、骨格だけの露わな姿にならざるをえません。自分は大きな人間だと思っていたもののの、本質的な能力のみの姿をさらしてみると、「こんなにちっぽけだったのか」と必ず気づくはずです。そうした骨格だけの自分を見出していくことも、客観的に自分を捉えるたいへん有効な方法です。

若さと勢いで身にまとってきたものを一度脱ぎ捨て、客観的にそれを検証することは、人間力を養うための第一歩になるということです。

40代を楽しく生きる！ 人生を変える9つのリスト②

物事の道理に忠実になれ！

スピード勝負の時代とはいえ、現代は乱世です。めまぐるしく変化する状況の中で、世界各国政府も、企業も、個人も、状況を的確に判断する術を失い、場当たり的な対応に終始するようになっています。このような時代には、変化のスピードに追いつこうとするよりも、胆力を持って時を待つという姿勢に、より高い価値が生まれているのではないかと思います。

胆力を磨くためには、物事の道理を実践することです。

物事の道理というと、大げさで難しいことのように思うでしょうが、じつは私たちは全員、物事の道理の数々を知っています。

たとえば、かりにあなたが相手に不満を持っているとしましょう。会社に対して、上司に対して、あるいは部下に対して、この場合の不満の対象は選びません。

あなたは、少しでもその不満を解消するために、相手が変わってくれるようにと働きかけているはずです。相手に対して、「現場の声を聞いてほしい」とか、「仕事のやり方を変えるべきだ」とか、「あなたは、こうすべきだ」とか。

しかし、これは自分のために相手を変えようとする、道理を無視した対処法でしかありません。なぜかといえば、あなたが変わっていないからです。

相手だけがこちらの思いどおりに変わってくれるはずだという考えほど、バカバカしいものはありません。化学反応でも、物理の法則でも、すべてが相手だけが変わることはないということを示しています。つまり、相手が変わるとしたら、自分がまず変わるから相手も変化していく、ということです。

私たちは、世の中に存在している物事の道理のほとんどを、じつは15歳までの義務教育の間に習っています。もちろん、義務教育では、その道理に計算式をあてはめて精密に答えを出すというところまではやりません。しかし、地球がひとつの生命循環であることや、歴史はくり返しであること、あるいは、思いを実現すること以外に人間の喜びはないことなどなどを、すべて学んでいます。

こうした物事の道理を信じなくなっていることが、私たちが付け焼刃の対応をして間違いを犯すもとです。

つまり、40代で胆力を養うための方法は、1番には、物事の道理をもう一度思い出して、それらのことを信じることです。そして、2番目には、それを自分の身に適用し、実践することです。

乱世の時代には、物事の道理に忠実な人が勝ち残ります。道理がとおらない世の中だからと考えて、自分も抜け道を探そうとする人は、結局のところ失敗してしまいます。

自分を鍛え、胆力を身につけるためにも、物事の道理の中にしっかりとした40代の立脚点をつくるべきだと思います。

40代を楽しく生きる！人生を変える9つのリスト③

溜めをつくれ！

20代、30代のときは、誰にも若さと勢いがあり、それも能力のうちでした。若さと勢いは、自分の強みをさらに強化する大きな力になっていたはずです。

40代では、この若さと勢いが徐々に失われていきます。失われるというと、「嫌だな」と思うでしょうが、その代わりに胆力が身に備わってきます。

歳を重ねることによって備わる胆力は、じつはとてもいいものです。

たとえば、格闘技などでは、相手を思いっきり引き寄せてから技をかけることが重要だといわれます。これは、いわゆる「見切り」と「溜め」です。相手の動きを見切り、溜めをつくって技をかけることが、破壊力、つまり大きな作用を生むコツということです。

格闘技だけでなく、何事においても溜めは必要です。ところが、スピード勝負の現代では、若いころに、この溜めをつくる訓練をしていません。商談でも何でも、相手が一歩前に出てくると、すぐに自分も一歩前に出ようとする習慣が身にしみついています。これでは力と力が拮抗し、泥仕合になるばかりです。相手とWIN-WINの関係を築くことも、より大きな利益を実現することもできないのではないかと思います。

たとえば、以前、アメリカにコリン・パウエルという国務長官がいました。彼は、黒人では初の政府高官で、レーガン政権時代の国家安全保障補佐官、次いで米軍統合参謀本部議長を務め、ブッシュ政権で国務長官に就任しました。

アメリカの国務長官というのは、日本でいえば外務大臣です。外交交渉は決して綺麗ごとではいかないし、その裏で行われていたことはわかりませんが、パウエル長官の外交は「溜めの外交」といわれ、海外から高く評価されていたようです。

なぜ、パウエル長官が溜めの外交といわれたのか。それは、アフリカや中東、南米などの国に対し、アメリカの要求をいきなり突きつけるようなことをしなかったからだといわれています。

相手国の代表者に会うと、「あなたがたが解決したい問題は何ですか。じっくり聞かせてください」と、まずは相手に話をさせ、要求を出させたからです。その結果、相手国は要求を実現してもらう代わりに、アメリカの要求をことごとく飲まざるをえなくなったと、当時のニュースで論評されていました。私の印象では、**「相手を存分に引きつけてから、大砲をぶっ放せ」**ということです。

パウエル長官の例は、表面的にはコミュニケーションや交渉術の問題かもしれませんが、こうした態度をとれるのも、いわば胆力のなせる業です。当時、アメリカではＩＴバブルの崩壊が起こり、次いで9・11同時多発テロが発生し、対国連でも、対中東でも、対イスラエルでも、かじ取りの非常に難しい時代を迎えていました。そうした状況の変化の中でアメリカのプレゼンスを発揮するために、パウエル長官は、溜めをつくる外交に徹したということではないでしょうか。

社会的ポジションを夢や目標と合わせろ！

人間の社会的ポジションを表すものは、何をさておき、その人の実績と実力であることはいうまでもありません。

ここで考えておかなくてはならないのは、自分の社会的ポジションを高めてくれるものなら何でもいいか、という点でしょう。

よく資格や団体理事の肩書を手当たり次第に並べている人がいますが、私から見れば、これは社会的ポジショニングでも何でもありません。そうした社会的ポジションを持って社会にきちんと働きかけているかというとそうではなく、ほとんどの場合、単に顔が利くことを誇示するツールでしかないからです。

この点についても、少し説明しておきましょう。

たとえば、私の場合は、歯科医師として、当然、大学教授のポジションはあったほうがいいわけです。それがあれば同業者に対する発言力は増すし、患者さんにも安心感や満足感を持ってもらうことができます。

そのため、若いころから戦略的にそのポジションを取ろうと考え、いまは国立系の2つの大学で教授をしています。

先に述べたように、**社会的ポジションは、夢や目標を実現するために必要な、社会への働きかけのためのものでしかありません。自分に権威づけをしたり、周囲から賞賛や羨望のまなざしを集めたりするための飾りではないわけです。**

夢や目標の実現のために社会に働きかけるさいのパワーでしかありませんから、もしそれが役不足だと判断すれば、私にはその肩書にこだわる理由は何もないわけです。

40代を楽しく生きる！ 人生を変える9つのリスト⑤

古典や芸術に触れろ！

40代で人格を磨く上で内面を磨くことは大切なことです。では、内面を磨き上げるためには、どのような方法があるでしょうか。

青少年のころならば、それは、世界の名著といわれる本を読んだり、芸術作品にふれたり、偉いお坊さんの話を聞いたりだったでしょう。

当たり前のことですが、人格を磨くということであるならば、いまでも私たちがとりうる方法は、それしかありません。とくに、人格の高い人の話を聞き、読書をすることは、人格を高める一番の方法です。

少し話はそれるかもしれませんが、人格についても一言だけ述べておきましょう。人格を磨き上げることも、40代で意識して取り組むべきことだからです。

人格が高い人は、ほかの人よりも高いところから世界を眺めることができます。そのため、全体を見渡して、本当に相手や自分のためになる答えを見出すことができます。人格を高めることができれば周りの人から尊敬を集め、それが夢や目標を実現するための協力者を呼び寄せてくれます。

私も、人格を磨くことを意識して、古典を読むように心がけています。とくに、最近は日本ばかりでなく世界的にも乱世の時代を迎えていますから、そうした乱世の歴史や、その時代を生き抜いた偉人の生涯に学ぶことが多くなっています。

もちろん、芸術作品にも可能なかぎり触れるようにしています。

たとえば、私の病院では、著名な作家さんをお招きして、彫像などの院内美術品の製作をお願いしています。作品に接するだけでなく、作家さんとじかにお話しすることで、本物の美術にも、芸術家の心にも、より深く接する機会を持とうと考えたわけです。あなたも、古典や芸術にこれまで以上に接し、40代で高い人格を身につけるよう努力してほしいと思います。そのことは将来、いま以上に高く評価され、役立つはずです。その将来のために、いまから戦略的に動いていくのです。

40代を楽しく生きる！　人生を変える9つのリスト⑥

いいイメージだけで自分を満たす

成功者が持つ究極の成功法は、悪いイメージを消す、ということに尽きます。強烈なイメージを持ちつづけると、人間はそのとおりに行動し、結果としてイメージどおりの夢や目標を実現することができます。

ところが、いいイメージを強烈に思い浮かべていても、潜在意識の中に悪い感情や悪いイメージがあったり、自分の中にネガティブで乱れた感情があったりすると、いいイメージを打ち消してしまいます。その結果、強烈なイメージがあるにもかかわらず、夢や目標を実現できないということが起こります。

そこで、夢や目標を実現するためには、悪いイメージを浄化し、自分の中にいいイメージだけが残るようにすることが、絶対に必要になります。つまり、自分の中にわいてくる悪いイメージを消すわけです。

あなたにも経験があると思いますが、悪い感情や悪いイメージが自分の中にわいているときは、仕事の能率が恐ろしく下がるものです。たとえば、会社で自分だけ差別的な対応をされたとか、自分の行為が他社から訴えられたとか、そういう場合です。あなたが大きな組織を運営する立場になれば、もっと大きな問題が降りかかってくることでしょう。

そうしたさいには、イメージを浄化し、潜在意識を書き換えることが、夢や目標の実現に向かってふたたび具体的に前進するための究極の方法になります。

そして、孫さんがそうであるように、成功者たちはみな悪いことに直面したら、原因から離れ、リラックスし、悪いことを引きずらない、という3つのことをしています。悪いイメージを消すことによって、自分がよりよい状態になっていくプロセスを具体的にイメージし、そのことがいい状態と協力者たちを引き寄せるのです。

ところが、たいていの人は、この逆をやってしまいます。

悪い問題が起きて、悪い感情や悪いイメージが生じたときに、これをどう解決したらいいのかと、悪い問題のことばかり考えて悩みます。これでは、悪い問題に対する悩みが増幅し、悪いイメージばかりが膨らまざるをえません。すると、袋小路に追い詰められ、自分の潜在意識が悪いイメージによって汚れ、悪いものが引き寄せられてきます。本当の協力者は離れていき、あなたを利用しようとする人たちが集まってきます。悪の循環が起こるわけです。

自分が悪い状態にあると気づいたときは、それを断ち切って、いいイメージだけが自分を満たすように変えていくことです。そして、自分が求める状態を実現する具体的なプロセスのイメージを強烈に思い浮かべることです。

たったこれだけのことで、人間は態勢を立て直し、前進することができます。そして、この真理を信じて身を委ねることができる人だけが、きれいに保たれた潜在意識を持って相手の潜在意識に語りかけることができるということです。

○成長を望み続けろ!

「40代まで生きてきたら、人間、そう簡単に変わることはできないよ」

酒場の片隅で、こんな言葉を吐いている人を見かけたことがあります。私はほとんどお酒を飲まないし、酒席に誘われたときもたいていは断ってしまいます。本当にごくたまに、食事をともにした相手とシャンパンをひと舐めすることがあるだけですが、そんな私がこういう言葉を耳にするわけですから、この手の会話はビジネスマンの間でけっこう交わされているということでしょう。

そのこころは、40歳まで一途に生きてきた人間の価値観は、重くて固い岩のようなものだということでしょう。たしかに、価値観というものは何かをやり遂げるためのエネルギーの源泉ですから、簡単に動かせるようなものではありません。もしも簡単に動くとしたら、それは価値観でも何でもないわけです。

しかしながら、私が耳にした先の会話の内容は、ずいぶんニュアンスが違いました。明らかに酒場の隅にいた人たちは、その場にはいない、頑迷で、新しいアイデアを受け入れない誰かのことをくさすために、そうやって話し合っているようでした。その意味で、彼らは40代を、出来上がってしまう年齢、つまり容易に耳を貸さなくなる年齢と認識しているようです。

私はこのとき、**大きな誤解があるな**、と思いました。40代まで生きてきた人が、それゆえに頑迷になっているとしたら、それは生き方が間違っているといわなくてはならないからです。

私が知るかぎり、世の中の成功者に頭の固い人はいません。50代になっても、60代になっても、70代になっても、あるいはそれ以上の年齢の死ぬ間際の人でも、健康さえ保っていればみな柔軟な思考を持っています。

自分のやり方に合わないとか、それは嫌いだなどといって、新しいものを撥ねつけるような態度はとりません。全員が全員、相手のメッセージをしっかりと受けとめて、それにふさわしい対応をとります。

たかだか40歳で頭が固くなってしまう人と、いくら歳をとっても柔軟でいる成功者と、いったいどこが違うのでしょうか。

柔軟な思考を保つための方法はさまざまあると思いますが、その一番の方法は、成長を求めて自分を客観的に捉えつづけることです。

本論で紹介した方法で自分を客観的に捉えると、自分に足りているもの、足りていないものを、目の前のテーブルに洗いざらい載せることができます。それをひとつひとつ吟味して、自分の成長に必要なもの、つまり知識や技術、能力などの項目に落とし込んで、ひとつひとつ挙げていくことも簡単でしょう。そして、その作業を行うことによって、いまの自分に対する評価を下すこともできるわけです。

こうした一連の作業が身に染みついている人は、**それこそ70歳になっても80歳になっても、新しいアイデアや意見に耳を傾けるし、自分がつねにそれを必要としていると強く思っています。なぜなら、どんなに老いていても人生の夢や目標のさらなる実現を願い、成長することに貪欲だからです。**

たとえば、転職のカウンセリングなどでは、「人生の棚卸」という言葉をよく使います。

いままでの人生で自分が獲得した能力やスキルを総ざらいし、自分の能力として何を活かしていけばいいか考えるために棚卸をするわけです。30歳前後で転職を考えている人には、たしかに有効な方法でしょう。

しかし、40代を迎えるときは、これとは異なるアプローチが必要です。あなたは自分の能力やスキルをもう十分にわかっているはずですし、仕事の専門分野という小さな視点で40代の成長を捉えてもたいした意味はありません。もっと大きな視点から人間の能力を捉え、自分が成長するために何が必要かを考えていかなくてはならないわけです。

いわずもがなのことですが、成長とは動的な変化のことです。**成長を望む人は、成長するたびに、さらに成長するための課題を次々に発見していきます。**

これが柔軟な思考を保つメカニズムであり、頭脳の若さを保つ秘訣でもあります。

このメカニズムを自分の中で絶えず働かせている人とそうでない人が、40代の10年でどれほど決定的に差がつくか、この際じっくりと想像をめぐらせてほしいものです。

いい記憶を潜在意識に投げ込め

人生の成功を手に入れようと考えるとき、忘れてはならないのは潜在意識の役割です。潜在意識の中にある願望が、あなたに働きかけ、夢や目標を実現するための無意識の行動や態度をとらせます。

潜在意識というのは、一般にコントロールできない世界と捉えられています。それは無意識の世界であり、洗脳でもしないかぎり手を加えることは困難だからです。かりにそれができたとしても、期待どおりにそれを働かせることはできないと考えられています。

ただし、潜在意識の中にいい記憶を投げ込んでやることは、それほど難しいことではありません。

潜在意識の中に投げ込まれる記憶というのは、最初は意識された記憶です。その記憶は、しばらくの間、意識にとどまっていますが、そのうちに意識から消えてしまいます。消えるというのは、忘れてしまうということです。記憶は意識から消えることによって、潜在意識の中に投げ込まれるのです。

潜在意識の中に記憶が貯め込まれるこのメカニズムを考えると、いい潜在意識をつくるためには、意識が重要だということがわかるでしょう。同じ出来事に対しても、それをどう意識するかによって、潜在意識の中にそれがいい記憶として投げ込まれるか、悪い記憶として投げ込まれるかが決まるわけです。

したがって、すでに指摘したように、何事をもいい記憶、プラスの記憶として意識することがたいへんに重要です。マイナスに受け取れる出来事が起こっても、「しまった」とか「ひどいことをいわれた」とはけっして思わないことです。何かを指摘されたときは、「教えていただいて、ありがとうございます」と感謝の感情を持つことが、意識された記憶をプラスに変えるコツです。

ところで、大きな災難が降ってきたときに、「それはいいことだったんだよ。あのままでいたら、もっとひどい目に遭っていたんだから」と、とんでもない逆転の発想をする人がいます。たいていの人は、そういう考え方を一笑に付して、「そこまでひどい目には遭わなかったけど、現実に災難に遭ったことは事実なんだ」と考えるでしょう。

前者が意識したことは潜在意識にいい記憶であり、後者のそれはよくない記憶です。何事もいいようにとる人のことを、現代人は小賢しく批判しますが、私から見れば、それこそが現代人の弱点そのものです。自分に執着しているからそうした考えにとらわれるのです。

私の感覚では、何事をもいいようにとる人は、ほとんど天真爛漫な人です。そういう人は、たとえ高い教育を受けていなくても、自分に強い自信を持っているケースがほとんどです。その自信がどこから生まれたものなのか特定する術はありませんが、私は、そういう人にはいい潜在意識が働いて自己実現が叶い、それが理由で強い自信を抱いているのではないかという仮説を立てています。

40代を楽しく生きる! 人生を変える9つのリスト⑨

○バランスのとれた人間になれ!

仕事の能力という点では、40代に何が必要でしょうか。

それは、バランスのとれた能力を培うことです。

たとえば、人間には強みと弱みがあります。

若いころには勢いと若さがあり、これらは、強みをおおいに伸ばすことに役立つ条件だったと思います。

勢いと若さが薄らいでいく40代は、胆力を養う年代ですから、この条件は弱みの補強にうってつけです。もちろん、強みをさらに強化することも忘れてはなりませんが、**人間の能力は最終的には総合力です。どんなに一芸に秀でようとも、それだけでは決して評価されないし、結局は達成感のない人生で終わってしまいます。一芸に秀でた人間で、社会的に評価される人たちは、総合力でも優れているのです。**

したがって40代では、弱みの克服、あるいは弱みを強みに変えるための学びと修得が必要です。

知識や技術で何か苦手がある場合は、その学びのやり方を変えてみることです。人間は、修得する能力が低いために、それが苦手になっているというケースは、じつはほとんどありません。たとえば、英語が苦手という人は、けっこういます。そういう人は、「もっと語学ができれば活躍の場が広がるのに」と悔やんでいます。

しかし、英語はたかが語学です。言い方はよくないかもしれませんが、たとえばホーキングの宇宙理論を理解できないというのとは、まるで次元が違います。外国語の習得は、理論を考えたり証明したりすることではなく、単に道具の使い方を身につける話です。

私たちが仕事で使う知識や技術は、そのほとんどがビジネスを円滑にするための道具にすぎません。道具であるならば、修得の早道は、それを使い込むことしかありません。苦手だ、弱みだといっている人たちは、単にその道具の扱いに慣れていないだけなのです。

弱みがあり、それを克服しようと考えるなら、いままでのやり方を変えましょう。過去と同じやり方をつづけているから、弱みを克服できないのです。

そして、克服の早道は、その道具になじむことです。たとえば、大工の棟梁が自分の道具を枕元において眠るように、不得手な道具にはできるだけ多くの時間、ふれるようにしましょう。

私の場合、クルマを運転するときも、飛行機や列車で移動するときも、CDを聴いています。そのCDの内容は、経営理論や人材管理などさまざまですが、機会があるたびにそれをくり返し聞いています。すでに習得している内容なのですが、くり返し接することによって、私は道具にさらに慣れ親しもうとしているわけです。

このような知識や技術は、聴き直すたびに発見があります。人間は時間の経過とともに新しい経験を積み重ねていますから、同じＣＤの内容も、少しずつ違って聴こえるわけです。これは、本をくり返し読むと、そのたびに発見があるのと同じことです。

このように道具に身をなじませていくと、最初は使いにくいという印象だった道具も、簡単にさまざまなことに応用できるようになります。

その結果、新しい発見が生まれ、それがまったく別の分野の疑問を解いてくれるというような現象をもたらします。

私たちが身につけている知識や技術は、編み物のようなものです。それは、目が細かいところもあれば、粗いところも存在しています。その目の粗いところが、弱みや苦手な分野に当たります。ほかの部分と同様に、目を細かいものにするためには、従来とは違うやり方で、その周辺の知識や技術を重点的に補強していくしかありません。

知識と技術の編み物の目が均等になっていくと、バランスのとれた考え方がいつでも自然にできるようになります。

これは、とても重要なことです。

40代にとって、バランスは大切です。人は、バランスのとれた人間に好感を持ち、逆にバランスのとれていない人間を遠ざけます。物事の道理にならえば、この世に存在するあらゆるものは、安定した状態を求めます。それが、バランスのとれた人間が好かれる理由です。つまり、バランスのとれた思考と行動ができる人は、時代や組織を選ばず、つねに評価されやすいということです。

夢や目標の実現のためにも、バランスのとれた能力の獲得が必要なことはいうまでもありません。

第５章まとめ

●自分の人生を振り返る
●物事の道理に忠実になれ！
●溜めをつくれ！
●社会的ポジションを夢や目標と合わせろ！
●古典や芸術に触れろ！
●いいイメージだけで自分を満たす
●成長を望み続けろ！
●いい記憶を潜在意識に投げ込め
●バランスのとれた人間になれ！

第6章

40代でやってはいけない10のリスト

～今すぐできる！「潜在意識」に良い影響を与える習慣～

40代でやってはいけない10のリスト①

✕慢心してはいけない、驕ってはいけない

その昔、人気だった菅原文太主演の『トラック野郎』をたまたま映画館で観たことがあります。シリーズのどれだったたか、はっきり覚えていませんが、その映画で助演の愛川欣也さんがこんな内容のセリフを吐くシーンがありました。

「40まで生きてきたら、大金でもつかまなければ、やっていられないんだ」

愛川さんが演じたのは、仕事にも運にも女性にも恵まれないトラック運転手の役です。歳とともにどうにも隠しきれなくなった心の裂け目が、一気に破れ、人生の悲哀をほとばしらせるシーンだったたと記憶しています。

なかなかいいシーンで、私はまだ青い学生でしたが、「40歳というのは、そういうものなのだろうか」と、年齢を重ねることの意味をはじめて意識しました。

「あんなふうに言わずにすむように、自分はしっかり生きていかなければ」と考えたわけです。

愛川さんが演じたトラック運転手の心情ではありませんが、40代は、心の隙が生まれる年代です。

会社で不遇をかこつけている人だけの話ではありません。出世し、能力を存分に発揮している人も、慢心や驕《おご》りという隙が生まれやすいはずです。自信もあるし、30代でやるべきことをやり尽くしてきたという気持ちが、逆にそれを生むわけです。

40代を素晴らしい成長の10年にする心構えは、やはり謙虚になることです。

慢心や驕りは、自分でも知らないうちに充満するものです。それがあると、人を見下す気持ちや、人を否定する気持ちが生まれます。周りの人を見下したり否定したりするようになると、自分の価値は、じつはどんどん下がっていきます。

たとえば、「あなたに対して肯定から入る人と、否定から入る人と、どちらが魅力的ですか」と聞かれると、人は100％「肯定から入る人」と答えます。

人間は自分を肯定するために生きているわけですから、こんなことは当たり前のことです。驕っている人、威張っている人が嫌われるのも、同じ理屈です。

ですから、慢心や驕りを持たないように、よく自分の姿に注意していかなくてはなりません。

そのためには、自分を顧みることも重要ですが、むしろ周りの人に対してニュートラルな目線を持つことです。相手を突き放したり、物事を否定したりするのではなく、「なぜ、そうなんだろう」と受け止めることです。そして、あなたには馴染みのない、世の中の新しい現象や習慣に興味を持つことです。

すべてを気づきと学びの場と捉えれば、あなた自身が成長し、それによって周りの人や物事も必ずいい方向に変化していくでしょう。

ところで、驕りのある人やプライドの高い人の中には、そのいっぽうで「自分はダメだ」という気持ちの強い人がいます。自分を否定する気持ちがどこかにあるために、逆に、外に対して虚勢を張るわけです。

このタイプの人にかぎる話ではありませんが、40代というのは、自分を否定する気持ちを取り除いていかなければならない年齢です。

たとえば、「この歳になって、こんなことも知らない」とか、「こんなこともできない」と考える習慣は、この本を手に取ったのを機にいっさい捨てましょう。

自己否定の感情は、あなたの潜在意識にとって、非常に大きなマイナスです。人間は、「ダメだ」と思うと、同じ間違いをくり返しやすくなります。「ダメだ」といわれ

て育った子どもが、人から「ダメだ」といわれることをくり返してしまうのと同じメカニズムです。人間の脳は、肯定された記憶は残りにくく、否定された経験の記憶は強く残るのです。

自分を「ダメだ」と捉えがちな人は、そうした否定形を捨て、「自分はたまたま気づいていなかっただけだ」とか「知らなかったことは、いま知ればいい」というふうに、気づきの形で肯定的に捉えることが大切です。

もちろん、他人に対しても、このような肯定の捉え方をしていきましょう。こうした潜在意識の浄化が、成長につながるのです。

40代でやってはいけない10のリスト②

✕肩書にこだわってはいけない

40代ともなると、課長、部長、あるいは取締役など、年齢にふさわしい肩書がついてきます。

その肩書ゆえに、周りに対する影響力が生まれると思います。仕事に対しても決定権を持つようになりますから、どうしても肩書で仕事をしようとする傾向に陥るでしょう。

それは必ずしも悪いことではないかもしれませんが、ここで考えてほしいのは、50代、60代になったときのあなたの魅力の源泉は何か、ということです。

もう10年がたち、20年がたったときのあなたに大勢の協力者がついてくるとすれば、それはあなたの権力や経済力のためではありません。あなたに、人間として本当の魅力が備わったからでしょう。権力や経済力ならば、それを失えば人は引き潮のように去っていきます。本当の魅力があれば、たとえ権力や経済力がなかったとしても、協力者が去ることはありません。

40代は、人間として本当の魅力を身につけるスタートの10年です。

そして、本当の魅力を身につけていくためには、むしろ肩書はいっさい関係ないという姿勢でこの10年を送っていくほうがいいのです。

このことは、社会的ポジションについてもいえます。

たとえば、私は、講演などに招かれても、自らの社会的ポジションをまったく明かしません。それは相手が調べて評価を加えればいいもので、自分から周囲にアピールするようなものではないからです。社会的ポジションは、あくまで自分の夢や目標を実現するためのポジション取りにすぎないわけです。

社会的ポジションを誇示する人は先に述べたように、その驕りによって、自分の価値を下げてしまいます。

また、肩書で仕事をすると、物事だけが進んで成果が出るため、後々に本当の実力が身についていない自分に苦労することにもなります。

とくに現代のような乱世においては、本当の実力以外に、人が共感してくれるものはありません、本物の時代になっているわけですから、その点は、いっそう強く意識すべきです。40代という時期を間違った考えで過ごした人は、いずれ必ず敗れてしまうでしょう。

実力と肩書は別物です。肩書で仕事をしないことが、実力を上げる近道です。

×表面的な取り組みをしてはいけない

柔道の国際試合を観ると、「かけ逃げ」で厳しいペナルティーを課され、日本選手が負ける姿が多くなりました。

かけ逃げというのは、技をくり出した振りをして時間稼ぎをすることです。昔の柔道は、じっくりと一本勝ちを狙うものでしたが、いまの柔道はとにかく技を出していかないとすぐに減点されてしまいます。そこで、審判の目を誤魔化すために技を出した振りをするわけですが、柔道もずいぶんいじましい印象のスポーツになったものだと感じないわけにはいきません。

素晴らしい日本人選手はたくさんいますが、私は「こういうルールは彼らの潜在意識によくないな」と感じないわけにはいきません。表面的な取り組みをする自分を観客にさらけ出しているわけですから、その気持ちが、スポーツの精神をねじまげることは疑いのないところではないでしょうか。

表面的な取り組みは、何事においても悪い影響をもたらします。なぜかというと、表面的に取り組んで誤魔化しているということを、本人が一番よく知っているからです。

そのときに抱くネガティブな感情は、必ず潜在意識の中に蓄積され、それが仕草や態度、行動、考え方などのすべてに影響し、それが周りにメッセージとして伝わり始めます。その人の本質を見ようとする下の世代が、このような人に魅力を感じるはずはありません。

人が表面的な取り組みをしてしまうのは、時間的、物理的制約に負けているときです。「時間がない」あるいは「体力が持たない」として、とにかくその場を切り抜けようとするわけです。

私は、こうした姿勢は非常に悪いと思います。

人間、どのような場合にも、ここ一番というときがあります。それは、たとえつまらない仕事であっても、絶対に後ろを見せてはいけないときです。そこで逃げようとすれば、大勢にその姿をさらすだけでなく、何よりも自分が逃げる自分を知ってしまいます。その自分を許そうが、咎《とが》めようが、いずれにしても自分にとって大きなマイナスが及んできます。そんなことを、自分にさせてはいけません。

表面的な取り組みをしないということは、自分を大切にするということです。つまらない仕事でも本質的な取り組みをすれば、たくさんの気づきが生まれると同時に、きわめて大きな自信につながります。また、**物理的な制約から逃げない姿勢は、周りからも評価されるでしょう。現代は、制約から逃げようとする人ばかりですから、なおさら評価が高まるはずだと思います。**

その積み重ねが、本当の実力を身につけたという自信につながっていきます。

私は、40代は自信に満ちた「本当の顔」をつくる年代だと考えていますが、その第一歩は、表面的な取り組みをせず、自分に言い訳もしない姿勢を貫くことでしょう。

40代は、表面的な取り組みから、さっぱりと足を洗う年代でもあるのです。

40代でやってはいけない10のリスト④

×他人のせいにしてはいけない

「風が吹くと桶《おけ》屋が儲かる」という言い回しは、経済の循環をさすものです。しかし、私は、世の中のすべてについてこの言い回しが当てはまるのではないかと考えることが、よくあります。

もちろん、自分と関係なく地球は回っているという唯物論的な考え方もあるでしょう。とはいえ、東洋的な宇宙の合一という視点では、あらゆることがひとつの関係性の中で結び合わされています。とすると、宇宙から見ればきわめてミクロな社会においても、大きな関係性によってあらゆる事柄が関連していると思わないわけにはいきません。

じつは私は、自分と何も関係のない出来事であっても、それが起こった原因の一部は自分にあると考えるようにしています。私が世の中を東洋的な思想で捉えているからもありますが、もうひとつ大きな理由があるとすれば、それは何事も部下や他人のせいにしないと思い決めているからです。

自分が原因だという考えがなければ、何か失敗が起こったときに、いつも他人を責めなければなりません。

もちろん、いつも相手を責めていれば、その人はあなたのことを決して認めようとしないでしょう。

他人の責任だと考えているかぎり、自分が成長することもありません。

人間関係が悪くなるばかりか、生産的なことは何もなく、問題が解決することもありません。**他人のせいにすることは、問題をより大きくすることなのです。問題がより大きくなれば、責任ある立場の40代は、それも他人のせいにするでしょうか。そんなことをすれば、今度は大クラッシュが身に降りかかってくるかもしれず、これではまるでロシアン・ルーレットの世界です。**

部下や他人のせいにすることが、自分の潜在意識によくないのはいうまでもありません。他人に責任を押しつけて責任逃れをしていることは、表面的な取り組みと同様に自分が一番よく知っています。

また、責任を押しつけたことによって、部下や当の本人からの信頼も失われます。

たとえ、あなたが責任逃れをしていないとしても、自分にも原因があると考えることは、あなたのプラスです。

自分の考え方に問題があったと思えば、少しは周囲に対する考え方が変わるでしょう。自分の行動に問題があったと考えれば、自分の行動を見直すでしょう。あなたが新しい規範を持つようになれば、周りにそれが伝わり、部下の考え方や行動もいい方向に変化してくるはずです。

部下や他人のせいにして、いいことは何もありません。すべてを自分の身に引き受ける覚悟を持てば、それはあなたと部下の素晴らしい成長に必ずつながることでしょう。

40代でやってはいけない10のリスト⑤

×裏の行動をとってはいけない

本物の人間、素晴らしい人間になるためには、他人に見えないところでどんな行動をとるかという点は、とても重要な問題です。

他人から見えるところ、他人から評価される場所では抜け目ないが、見えないところでは手抜きが多い、という人は珍しくありません。利益になるなら相手をするが、そうでないなら無視して相手にしない、という場合も同様です。こうした自己利益追求型の人が増えているといわれますが、いかにも世知辛い世の中です。

すでにくり返し述べているように、他人に見えないところの行動は、その人の潜在意識によって生み出されています。他人の目がなければ無意識のうちに素の自分が出てくるわけですから、そこであなたがとる行動は、潜在意識が命じている行動といわざるをえません。かりに行動に裏表があるとしたら、潜在意識に悪いものが入っているということです。

たとえば、ものすごく礼儀正しい人でも、ホテルに泊まったさいに、部屋を散らかし放題にしたままチェックアウトすることがあります。聞くと、家ではちゃんと朝起きるとベッドを整えるといいます。「お金を払っているのだから、ホテルの部屋を汚すくらい当然だ」と考えているのかもしれません。

もちろん、料金には部屋の掃除からベッドメーキングまですべての人件費が積算されているわけで、理屈はそのとおりでしょう。

しかし、お金を払っているのだから、掃除でもベッドメーキングでも、何でも要求

どおりやれ、という発想は、どこか人を見下しています。

たとえば、会社のパートタイマーやアルバイトといった立場の人を分け隔てる考え方も、これに似ています。「パートにやらせればいい」とか「アルバイトなんだから、いうとおりにやれ」という発想も、立場の弱い人を見下す発想です。その人たちがいるから会社が成り立っているという感謝の気持ちは、そこには微塵もありません。

このような考えを持っていると、何かの拍子に、それは必ず表に出てしまいます。料亭で会食中に仲居さんを激しく叱責したり、高級ブティックで買い物をしているときに店員さんを小バカにしたりなど、立場の弱い人を見下して、食ってかかるわけです。

そして、周りの人はそれを見て、この人は品のない人だとか、どこかおかしな人だとか、その人のネガティブな部分を感じとります。ふだんどんなにいい人を装っていても、すぐに人格的に低い人だとバレてしまうわけです。

潜在意識は、じつに正直なもので、決して嘘をつきません。ですから、表を装ってバレないようにすることは不可能です。つまり、周りの人に信頼され、尊敬を集めるためには、裏表のない人格をつくるしかないのです。

そのためには、誰の目も届かないところでこそ厳しい規範を持ちましょう。見えないところでこそ、折り目正しい態度をとり、仕事に懸命に取り組むことです。

加えて、立場の弱い人を分け隔てせずに、感謝の気持ちを持つことです。つねに相手に感謝の気持ちを持てば、相手を否定したり、見下したりすることもなくなります。

そうした規範と感謝の念がきちんと身につき、当たり前の習慣になると、人間はものすごく成長します。習慣というのは潜在意識の世界ですから、新しいいい習慣を身につけることによって、自分の潜在意識が浄化するからです。

見えないところでの行動は、すべてが潜在意識に結びついていることを理解しておきましょう。

40代でやってはいけない10のリスト⑥

✕ 近視眼的な問題解決をしてはいけない

このところ日本の防衛をどうするかという論議が盛んに交わされています。

尖閣諸島や北方領土をめぐる大国の動きが活発化し、国民も国土防衛に関心を高めているからでしょう。テレビの討論番組でも、専門家を集めた討論番組がずいぶん放送されました。中国やロシアが攻めてきたら、日本はどうやって国土を防衛するのかというわけです。

テレビの討論番組では、出席した防衛問題の専門家が、防空能力や海軍力、あるいは日米安全保障の問題などを声高に議論していたのですが、そんな中、かつて外務省に勤めていたある評論家が、こんなことをいいました。

「何を一番に考えればいいかといえば、戦争をしないことですよね。次に、領土を守るということですよね」

出席者は「戦争になったら」と先走った議論を進めていたわけですが、この評論家は、問題の立て方が違うのではないかと、このように割って入ってきたのです。私は防衛問題に詳しいわけではありませんが、この人はなかなか筋が見えているようだな、と咄嗟《とっさ》に感じました。

じつは何か事件が発生したさいに、それをうまく解決できるかどうかは、問題をどう立てるかにかかっています。このことは、事件が国政レベルで起こったのか、社会レベルなのか、企業レベルなのかを問いません。

先の例でいえば、「戦争になったら、どうするか」ではなく、もっと大きく眺めて、

「戦争は最悪だから、それを回避するためにはどうするか」を問題にしたほうがいいわけです。

じつは、会社で起こった出来事についても、同じことがいえます。

たとえば、受注競争では、ライバルを出し抜いて受注するにはどうするかを考えるのではなく、納入先の企業が一番多くの利益を上げるためには何がベストなのかを考えたほうがいいに決まっています。

また、社内においても、白か黒かの議論や、誰の責任なのかを追及するよりも、社内全体が調和するにはどうするかを考えたほうがいいわけです。

現代の企業社会では、短期的な利益を最大化することばかりが優先され、ビジネスマンはそうした会社の要求に従わざるをえません。

しかし、社内の環境整備やチームワークをどうするかにおいては、必ずしもそれを優先する必要のないものもあるはずです。そうした問題に対しては、全体を大きく眺め渡して、社員全体が幸せに仕事をするためにはどうするかという問題の立て方が、必ず必要になるでしょう。

「自分が幸せになるために」から「自分の部署の人間が幸せになるために」、そして

「自分の部署」から「社員全体が幸せになるために」というように、視点を大きく持つようにすることはとても重要です。それができる人は、周りの人から評価され、大きな影響力を持つことができます。こうした大きな視点で物事を考え、実行していくことが、本当の貢献なのです。

ただし、一口に「社員全体が幸せになるために」といっても、こうした視点はなかなか持つことができません。なぜかといえば、30代までは自分の知識と経験を磨くのに精いっぱいで、潜在意識の中にそうした思いが入っていないからです。

40代は、これから文字どおり会社の主役を務める、中心的な存在です。若い後輩たちを引っ張り上げ、社員全員の幸せを実現する会社にするためにはどうするかということを考え、心からそれを願う存在に自分を高めていってほしいと思います。

×愛情のないパフォーマンスをしてはいけない

パフォーマンスやスタンドプレーというと、多くの人はあまりいい印象を持ちません。理由はおそらく、それが人を欺く性質のものだと捉えられているからでしょう。

しかし、本当に人のためを思って出たパフォーマンスやスタンドプレーは、とてもいいものです。溢《あふ》れんばかりの思いの強さを伝える手段は、どのようなときも、やはりこれしかないわけです。

私たちが、すべきでないのは、安っぽいパフォーマンスでしょう。相手に対する愛情も、社会に貢献したいという念もないのに、ただ自分だけを大きく見せようとするあれです。

あるいは、目先の自己利益のために行われるパフォーマンスでしょう。自己利益を追求するためにどのように大げさな言辞を弄《ろう》したとしても、それはまさしく騙《だま》しでしかありません。目先の自己利益を求める人々に支持されるものは、たとえそれがどんなに人々を熱狂させるパフォーマンスを伴っていても、いずれ必ず滅びます。新手の投資話の説明会場の熱狂がそれを証明しています。

安っぽいパフォーマンスや自己利益のために行うパフォーマンスは、私たちの潜在意識を汚れさせる素です。

逆に、愛情と社会貢献の念に裏打ちされた、質の高いものを伝えるためのパフォーマンスは、自分を支持してくれる人々がより高いところに登るための価値を伝えるための最良の道具です。**たとえば、マザー・テレサやダイアナ妃が貧困の撲滅や地雷の撤去のために行ったパフォーマンスが、それに当たるでしょう。こうしたパフォーマンスは、本人の潜在意識にも、とてもいい影響を与えてくれます。**

40代は、パフォーマンスひとつ行うにしても、より成功している人の目を意識する必要があるように思います。つまり、実力や熱い思いもないままそれをやっても、自分よりも成功している人は、そこに真実を感じません。

たとえば、南米の貧しい女の子が国連で行ったスピーチがあります。YouTubeで見ることができますので、一度ご覧になるといいと思いますが、その女の子は訥々《とつとつ》と、しかしものすごい説得力をもって、**「もうこれ以上、地球を壊さないでください」**

と訴えました。その女の子のスピーチを見て、世界中が感動したわけです。

なぜ世界が感動したかといえば、そこに真実があったからです。家畜を世話して生計を立てる女の子の、等身大の偽りのない思いが込められていたからです。そして、その女の子は、何の打算も持たずに、私たちの潜在意識に語りかけてきたからです。

この女の子のパフォーマンスを超えることができるとしたら、私たちが心から社会に貢献する念を持ち、自分を支えてくれる人たちがそのビジョンに無限の可能性を感じるようなメッセージを、あらかじめ自分の中に備えていなくてはならないわけです。

それもまた、潜在意識の働きです。自分の潜在意識の中に熱い思いがあって、はじめてパフォーマンスが意味を持つのです。

40代でやってはいけない10のリスト⑧

✕ 潜在意識に悪いものが入っている人とつき合ってはいけない

潜在意識コミュニケーションでは、どんなに上手な言葉を使って話していても、自分が心の中で相手のことをしっかり思っていなければ、必ず嘘を見抜かれ、人間関係は成り立ちません。潜在意識においては、汚れたものときれいなものは、ほんらいくっつきにくいのです。

しかし、誰の潜在意識の中にも汚れたものは存在しており、心が弱っているときには潜在意識が乱れ、相手の悪い潜在意識に引き寄せられやすくなります。たとえば、一流といわれる人たちの中から黒い交際の罠にはまってしまう人が出てくるのは、大きな問題が持ち上がったときに心が弱り、相手の悪い潜在意識に強く影響されるからです。

したがって、少しくらいならいいだろうと考えて、潜在意識の悪い人に近寄っていくのは危険なことです。最初から、つき合いをしないことが大切です。

潜在意識が悪いことをどう判断するかといえば、まずその人の言葉、行動、価値観でおおよそはわかります。また、何を目指して生きているか、社会に対する貢献や愛情、あるいは思いを持っているかを見れば、よりはっきりわかるでしょう。たとえば、人を利用してやろうと考えている人や、社会常識から逸脱した考えで自己利益をはかろうという考えを持つ人などです。

同じような意味で、負のオーラを発している人や、ネガティブな発想ばかりする相手も、敬遠したほうが得策です。

悪い潜在意識の影響を受けていると感じたら、本論で紹介した孫さんのような方法や、あるいはパワースポットといわれる場所を訪ねるなどして潜在意識を浄化し、悪い潜在意識の影響から離れることも重要でしょう。

40代でやってはいけない10のリスト⑨

✕自分から逃げてはいけない

自分の考えにしたがった行動をとらず、他人の意見によって動かされる人はとても多いものです。

「自分は違う」と考えるかもしれませんが、私たちの潜在意識の中に入っている記憶は、そのほとんどが、他人が発した言葉によってつくられています。そもそも私たちが受けてきた教育はそういうものですし、**毎日、テレビや新聞が私たちに伝えてくるメッセージも同類です。マスコミが「Aさんが大人気だ」と騒げば、ほとんどの人が「そうだ」と思ってしまうわけですから、私たちが自分の考えを持つことそのものが、**

最初から非常に難しいことなのです。

しかし、40歳ともなると、社会常識のウソや、マスコミによる印象操作などについても実態を知るようになり、しっかりとした自分の考えができてきます。

すでに社会のリーダーとして認められる年齢になっているわけですから、これからはその自分の考えに立脚した行動をとっていかなくてはなりません。もちろん、会社や仕事上の判断も、周りの人の顔色をうかがいながら行うというのではまずいわけです。

とはいえ、最近目に余るのは、自分の立場をあくまで貫こうとする40代の存在です。若い人から見れば、見ざる、言わざる、聞かざるで、部署や部門が不利益をこうむっても、自分の立場だけを守りきればいいという姿勢を貫こうとします。要するに、自分よりも強い相手と戦うことが面倒で、逃げているのです。

最近は、大手企業の40代社員が官僚化しているといわれます。自分たちがルールを決めるのだから、お前たちはそれにしたがえ、したがうのが当たり前だという考えが強いといわれます。

そのじつ、彼らがそのルールに則って仕事を遂行することができるかといえば、できません。現場の仕事を支える力もなく、リーダーとして率先していく力量も身についていませんから、これほど始末の悪いものはありません。彼らもまた、会社を上目づかいに見て、相手の顔色ひとつで右往左往しているわけです。

こんな40代にエネルギーを感じる人は皆無でしょう。

いくら長いものに巻かれろとはいっても、私たちには、絶対に巻かれてはならない瞬間というものもあるのです。

もちろん、相手に盾をつけ、といっているのではありません。相手を受け止めながら、じわじわと押し返していく器量と力量を持たなければならないということです。

そうした自分の姿を見せ、統率していかなければ、次の世代を育成することはできません。もちろん社会もよくなってはいかないでしょう。自分たちの生き方次第で、世の中は良くもなり悪くもなること、その責任の重みを、しっかりと受け止めなければいけません。

あなたの部下や後輩は、人間として完成された、そういうあなたに魅力を感じます。エネルギーと魅力に満ち、部下や後輩が圧倒的な支持を送る40代ビジネスマンの新しいあり方を、ぜひつくり上げてほしいものです。

そのためにも、**自分から逃げては、絶対にダメです。自分は乱世に生きる未来の武**

将だというくらいの、雄々しい気持ちを持つことです。

40代でやってはいけない10のリスト⑩

×未来はひとつしかないと考えてはいけない

現代は、日本でいえば幕末に匹敵するような乱世です。

たとえば、世界の先進国は今後、非常に長い不況のトンネルをくぐることになるといわれています。莫大な借金を抱えてしまった国々では、そのツケを回された多くの国の国民が怒りの声を上げてもいます。

さらに、日本は原子力災害に見舞われ、全国に放射能汚染が広がっています。日本が今後どうなっていくのか、あらゆる点で予断を許さない状況といえます。

3月11日の東日本大地震を境に、少なくとも日本は、かつての日本とはまったく異なる日本になったといわなくてはなりません。私たちがかつて描いていた日本の進路は、その瞬間に、まったく違う方向を向いてしまったということでしょう。

私たちもこれからは、世界が変わったということを前提にして、夢や目標の実現を

考えていかなくてはならないということです。

乱世の生き方のコツは、「こうなるはずだ」と思い込まないことです。

乱世というのは、予想のつかない世界です。こうだと思って突き進むと、その途端に道が閉ざされるということがしょっちゅう起こります。現代と同様にすさまじい乱世だった戦国時代の歴史を調べると、人々が予想や予測を捨て、手探りができる範囲で一日一日を生き延びていった様子がわかります。現代は、当時よりもたくさんの情報を手に入れることができますが、予想と予測がきかなくなっている点は、500年前とほとんど同じといわなくてはならないでしょう。

このような乱世においては、夢や目標の実現にも、成功のイメージをひとつに絞らずに、いくつかのパターンを想定して、具体的にイメージすることが重要ではないでしょうか。

たとえば、どこで暮らすかという問題だけでも、いま住んでいる地域を離れないパターン、国内のどこかに移住するパターン、そして海外に移住するパターンの3つを考えることができます。将来に夢や目標を実現したときの自分のイメージも、この3つでずいぶん違ってくるはずです。

大切なことは、夢や目標にいたる、乗り換え可能な複数の道筋を考え、イメージしておくことです。たとえば、Aパターンがダメなら Bパターン、BがダメならCパターン、Cがダメなら……というように、複数の代替手段をあらかじめ想定しておくのです。

そして、ひとつの可能性が閉じてしまっても、自分の未来が閉ざされたとは考えないことです。あらかじめ用意していた代替手段にそって、その実現のプロセスを具体的にイメージし、進路を乗り換えていくわけです。

大変な時代を私たちが迎えるのだとしたら、案外これは、とてつもなく大きなチャンスです。あなたのビジョンの発信力しだいで、協力者もより多く集まってくるでしょう。なぜなら、乱世というのは、誰もが目覚め、誰もが何かを手にとって、未来を切り拓くために戦おうとする時代だからです。

未来はひとつと考えて、悲観してはいけません。このような時代だからこそ、潜在意識を信じて身を委ね、新しい世界で夢や目標を実現していくのです。

第６章まとめ

●慢心してはいけない、驕ってはいけない
●肩書にこだわってはいけない
●表面的な取り組みをしてはいけない
●他人のせいにしてはいけない
●裏の行動をとってはいけない
●近視眼的な問題解決をしてはいけない
●愛情のないパフォーマンスをしてはいけない
●潜在意識に悪いものが入っている人とつき合ってはいけない
●自分から逃げてはいけない
●未来はひとつしかないと考えてはいけない

あとがき

この本を最後までお読みいただき、ありがとうございました。

前作『30代でやるべきこと、やってはいけないこと』はおかげさまで10万部を突破しました。ひとりでも多くの方に伝えたいと思っていたその想いは活字の世界を飛び越え、ＤＶＤ化までできることができ、本当にたくさんの方々に私のメッセージをお伝えすることができました。

共感していただいた多くの読者の方々からは、感謝のお手紙やコメントをいただき、私のほうが読者の皆さんから勇気をもらっているほどです。本当に毎日、感謝しています。

私は、本書に書いた考え方により、心から信頼しあえる仲間と出会い、人生のゴールに向かって40代でなすべきことを行ってきた結果、夢の実現に結びつく強い手ごたえと多くの人を惹きつける人間力を養いました。

どんな局面においても、40代からの人生を楽しんでいる人たちは、自分の根源的な人間力が重要であると理解しています。

40代という年代は、仕事でも家庭でも、自分の意思ではないところで、周囲に振り回されることが多くなる年まわりです。振り回されている忙殺感の中であっという間に過ぎてしまう10年間です。

ですから、明確なイメージを持って実現しようとする強い意思や覚悟が必要となる歳なのです。その強い意思や覚悟を手に入れたときこそ、理想の人間力を身につけ、自由に選択できる人生を手に入れることができるはずです。本書がその第一歩になり、その一歩を踏み出したあなたと直接お会いできる日が来ることを待ち望んでいます。

またみなさんのお陰で全国のＴＳＵＴＡＹＡ（一部店舗除く）にて、私の著作『30代でやるべきこと、やってはいけないこと』、『自分で奇跡を起こす方法』、『マーフィー１００の言葉』がＤＶＤとなり、レンタルをしています。ぜひ多くの方に観ていただきたいと思っております。

最後にＤＶＤを世に出してくれたカルチュア・コンビニエンス・クラブの西園直広さん、出版の機会を与えてくださったフォレスト出版の太田宏社長、編集を担当してくれた長倉顕太さん、清水悠貴さん、毎回、すごい営業力で私の本を書店に営業してくれる飯田伸一さんにあらためて感謝いたします。

井上　裕之

〈著者プロフィール〉
井上裕之（いのうえ・ひろゆき）
歯学博士、経営学博士、コーチ、セラピスト、経営コンサルタント。
医療法人社団 いのうえ歯科医院理事長。

島根大学医学部臨床教授、東京歯科大学 非常勤講師、北海道医療大学 非常勤講師、ブカレスト大学医学部客員講師、ニューヨーク大学歯学部 インプラントプログラムリーダー、ICOI 国際インプラント学会 Diplomate、日本産業心理コンサルティング協会認定コンサルタント、
溝口メンタルセラピストスクール 公認メンタルセラピスト、メディカルパーソナル・アドバイザー、
日本コンサルタント協会認定パートナーコンサルタント。

1963 年北海道生まれ。東京歯科大学大学院修了。
歯科医師として世界レベルの治療を提供するために、ニューヨーク大学をはじめ、海外で世界レベルの治療を取得。
その技術は国内外で高く評価されている。多くの患者様に最新の情報、知識、技術を提供し支持されている。
また、医療技術を提供するだけでなく、患者様にホスピタリティを提供できる病院になることが、
病院経営としても、患者様に最高の医療を提供するためにも必要であるという答えに行きつき、
コミュニケーションを使った病院内のインターナル・マーケティングと医師と患者様のコミュニケーションの改善のアドバイスを行っている。
そして、世界中のトップ企業の経営者に支持された様々なプログラムを、医師と病院経営者という独自の視点と経験で応用してアドバイスを行うメディカル・パーソナルアドバイザーとしての活動は、
医療関係者だけでなく、一般企業の経営者や教育者などにも注目されている。

主な著書に『自分で奇跡を起こす方法』『すぐにケータイをかけなさい!』『奇跡力』『コーチが教える！「すぐやる」技術』『30 代でやるべきこと、やってはいけないこと』(フォレスト出版)、『奇跡を起こす７つの習慣』（ビジネス社)、『「なぜか、あれこれ悩んでしまう」がなくなる 18 の習慣 』（アスコム)、『わたしの人生に奇跡を起こした マーフィー 100 の言葉』（きこ書房)、『カン違いを続けなさい！』（アチーブメント出版）など多数。

＜井上裕之公式サイト＞
http://inouehiroyuki.com/

＜井上裕之フェイスブックページ＞
http://www.facebook.com/Dr.inoue/

■編集協力　岡本聖司
■カバーデザイン　宮崎謙司(lil.inc)
■本文デザイン　野中賢(株式会社システムタンク)
■DTP　白石知美(株式会社システムタンク)

40代でやるべきこと、やってはいけないこと

2011 年 11 月 24 日　　初版発行
2017 年 2 月 1 日　　８刷発行

著　者　井上裕之
発行者　太田　宏
発行所　フォレスト出版株式会社
〒 162-0824 東京都新宿区揚場町 2 － 18　白宝ビル 5F
電話　03 - 5229 - 5750（営業）
　　　03 - 5229 - 5757（編集）
URL　http://www.forestpub.co.jp

印刷・製本　日経印刷（株）

ISBN978-4-89451-466-9　Printed in Japan
乱丁・落丁本はお取り替えいたします。

井上裕之のベストセラー

10万部突破！

24時間後、人生が面白くなる！

30代でやるべきこと、やってはいけないこと

戦略的に人生をつくる19のリストと56の言葉

「仕事」「お金」「時間」「人間関係」において、
最高の成果を出すための秘訣が
書いてあります！

井上裕之　著
定価1470円（税込）
ISBN978-4-89451-452-2

井上裕之のベストセラー

「幸運を呼びこむ12の法則」とは?

奇跡力

あなたも奇跡力を持っている!

著者自身が事故にあったときの奇跡体験、
ヘレン・ケラー、キング牧師、
チョムスキー教授…などから導き出された
奇跡の法則

井上裕之 著
定価1365円(税込)
ISBN978-4-89451-418-8

井上裕之のベストセラー

クチコミだけで1万ダウンロードを記録した感動のスピーチが本になった！

自分で奇跡を起こす方法

～読むだけで人生が変わる真実の物語～

この本には人生を変える方法が書いてあります。

事故により愛する人を失うかもしれない
絶望から人生の大切さに気づいた
若い医師の真実のストーリー

井上裕之　著
定価1365円(税込)
ISBN978-4-89451-318-1